「モラル・ハラスメント」のすべて

夫の支配から逃れるための実践ガイド

本田りえ 臨床心理士

露木肇子 弁護士

熊谷早智子

kokoro library

講談社

#「モラル・ハラスメント」のすべて　目次

2章　モラ夫の見分け方、おしえます

第2部　モラル・ハラスメントからの脱出　法的サポート編

5章　脱出をサポートしてくれる人たち

6章　モラハラ離婚に備えて

7章　離婚調停・裁判中の心構え

8章　Q&A　モラハラ離婚の現場から

離婚の決意を固めてから

別居してから

「モラル・ハラスメント」のすべて

夫の支配から逃れるための実践ガイド

ブックデザイン　アルビレオ
カバー・本文イラスト　くぼあやこ
本文図表　長橋誓子
DTP・巻末図表　山中　央
編集協力　当間里江子

はじめに

私が二〇〇三年にインターネット上のサイト、「モラル・ハラスメント被害者同盟」を立ち上げてから、ちょうど一〇年が過ぎました。当時はまったく知られていなかったモラル・ハラスメント（以下モラハラと略します）でしたが、年月が過ぎ、少なくともDV（ドメスティック・バイオレンス）被害者支援に携わっている人たちのほとんどは、この言葉を知るようになりました。

一〇年前と現在とでは、モラハラをめぐる世の中の動向が大きく変わったと実感しています。以前は、被害者が行政のDV相談に電話をしても、相談員がまったくモラハラという言葉を知らなかったり、「うちでは精神的DVと言うんです！」と叱られた人も少なくありませんでした。今では相談員のほうから「それはモラハラですね」と言うのが普通になり、家庭裁判所の調停委員からも「モラハラ」という言葉が出るようになりました。

さらにDV被害者支援に関わる人たちの多くが「最近は、ひどく殴《なぐ》られてアザだらけ、という様な被害者にはあまり出会わない」と証言している通り、シェルター（避難施設）に保護される人たちも、モラハラ被害者が多くを占めるようになってきました。これはモラハラ被害者が完全にＤＶ被害者として位置づけられたことを示しており、長い間モラハラをめぐる問題に携わってきた私にとっては感慨深いものがあります。

しかし、そんななかでも、まだまだモラハラ被害者に対する支援が行き届いているとはいえません。支援が十分でないなかでモラハラから脱出するためにはどうしたらいいのか。そのためにもっとも必要なのは、正しい知識ときちんとした情報を得ることだと私は思っています。それが、この本を出そうと考えたきっかけです。

まず、モラハラに対する支援には地域差があります。たまたま住んでいるところの自治体が熱心な場合は手厚い支援が受けられますが、そうでない場合、モラハラ被害者は一人ぼっちで脱出・自立をしなければなりません。

地域差とはそれだけではありません。私はずっと田舎に住んでいて、都会は恵まれているなあと思い続けてきました。田舎は弁護士を選ぼうにも迷うほどの数はいません。ましてやＤＶにくわしい弁護士となると、砂漠で砂金を探すようなものです。「カウンセリングを受けましょう」と言われても、カウンセリングルームなどありません。精神科は地域に一つだけある総合病院に医師が一人だけ……それが地方の現実です。そんな田舎にも、モラハラ被害者は存在します。

このような地域差は、知識と情報である程度埋めることができるはずです。

また、都会が恵まれているといっても、誰もが最高の支援を受けられるわけではありません。DV被害者支援にはどうしてもばらつきがあります。「たまたま」「偶然」よい相談相手にあたった場合とそうでない場合では、結果に大きく差が出るかもしれません。DVにくわしい弁護士を見つけられなかったり、保険がきかないカウンセリングは受けられない、という方もいるでしょう。こういった場合にも、正しい知識は役に立ちます。

さらに、今の日本にもっとも欠けていて、もっとも必要とされているのは、心理サポートをする人（臨床心理士など）と法的サポートをする人（弁護士）が、連携しながら被害者の自立を支援するシステムです。

心理サポーターと法的サポーターが一緒になって被害者を自立まで支えてくれるシステムがあれば、どんなに心強いでしょう。まだ数は少ないのですが、その夢のような共同作業を行っているところがあります。カウンセラーと弁護士が知恵を出し合いながら、一人の被害者を救おうとする試みが、実際に行われています。ただ現在は、そんな支援を受ける幸運に恵まれているのはほんの一部の被害者だけです。

残念ながら、このような理想の支援システムをすべての被害者が受けられるようになるには、もっと多くの時間が必要でしょう。それでも、たとえ理想的な支援を受けられない状態でも、限られた選択肢しかなくても、モラハラから脱出することは不可能ではありません。そのために必要なのは、やはり正しい知識と情報です。

正しい知識とは、たとえばどんなことでしょうか。「モラハラ」はずいぶんと知られるようになりましたが、「モラハラとはいったいどのようなことなのか」とたずねられたとき、自信を持って答えられる人がどれくらいいるでしょう。

「怒鳴る」「不機嫌になる」「無視をする」「大きな音を立てる」といった行為がモラハラだと思っている人も多いのではないでしょうか。

本書でしっかり、「モラハラとはいったい何なのか」を記しておきたいと思います。

第1部では、モラハラとはどういうことなのか、加害者とはどういう人たちなのか、なぜ被害者になってしまうのかなどの心理的な知識について、多くの被害者のカウンセリングを行ってきた臨床心理士の本田りえ先生が解説します（第2部7章も担当）。そして第2部では、DV防止法が成立するずっと前から第一線でDV被害者たちの支援にあたってきた弁護士の露木肇子先生が、モラハラの現状と、もっとも適切と思われる法的手段について、豊富な知識と経験をもとに、くわしく伝えます。

モラハラは目に見える傷がありません。それゆえに軽視され、被害者自身も「私さえ我慢すれば」と思いがちです。しかしいつ爆発するかわからない地雷原のなか、加害者と一緒に暮らすことは大きな精神的負担です。

さらに、大人のあなたが我慢できたとしても、子どもたちはどうでしょう。家庭とは穏やかで安心して暮らせる場所であるはずが、それを知らないまま、加害者の行動を学習していく子どもたちの心は、誰がどう守るのでしょうか。

本書は、モラハラ被害に苦しむ妻たちに、自分の置かれた状況に一刻も早く気づいてもらい、人としての尊厳を取り戻し、自分らしく生きるために、また子どもたちのためにも、モラハラ被害から脱出していただくためのガイドブックです。

モラハラ被害からの脱出は、まずその場から離れることです。離婚しなくてもかまいません。まず安全な場所に避難するのです。

あなたと同じように悩み苦しんだ末に堂々と羽ばたき、自由を勝ち取っていった人たちがたくさんいるという事実を、私はあなたにお伝えしたいのです。泣いてばかりいた被害者が、あるときモラハラに気づいて決別の決心をし、自分の前に立ちはだかる大きな山を一つ一つ乗り越えながら幸せをつかんでいきました。そんなたくましい後ろ姿を、私は一〇年間のうちにたくさん見てきました。そんな彼女たちのひとりが、脱出後の気持ちを「モラル・ハラスメント被害者同盟」の掲示板に書き記した言葉があります。

自分の人生は、自分で決めていいんだと思えるようになりました。
自由と責任と、そして「希望」と「未来」を手に入れました。
静かで平和で、自分が人間に戻ったみたいな感じがします。

かつて私がそうであったように、今度はあなたがモラハラを知ってください。
読み終わったとき、あなたの心のなかに「希望」という芽ぶきがあったなら、この本に関わった者として、それ以上の喜びはありません。

二〇一三年四月

「モラル・ハラスメント被害者同盟」サイト管理人
熊谷早智子

第1部

モラル・ハラスメントの基礎知識

【心理サポート編】

1章 それはモラル・ハラスメントです

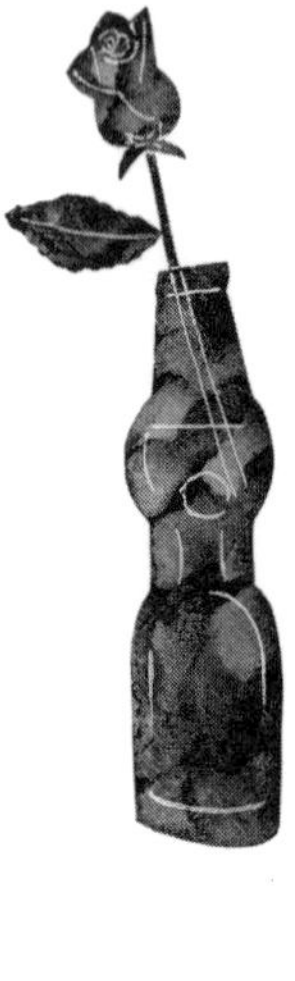

モラハラって、なに？

モラハラとは「モラル・ハラスメント」の略で、精神的暴力、精神的虐待のことです。加害者は態度や言葉によるいやがらせを繰り返し、被害者に大きな不安や苦痛、恐怖を与えます。

暴力や虐待というと、一般的に「誰のおかげで飯《メシ》が食えると思っているんだ！」などと恫喝《どうかつ》するような、乱暴で強面《こわもて》の人物が想像されるでしょうが、モラハラの実態は違います。おおむね社会的評価も高く、やさしそうと言われるような外面《そとづら》のいい人物、「まさかあの人が?」と思われるような人物が、人目を避けた場所で、ターゲットを選別して、精神的暴力を振るうのです。巧妙で執拗《しつよう》ないやがらせが、典型的なモラハラです。

モラハラは職場や学校、友人間、地域の集まりなど、人が集まるところではどこでも発生しますが、この本では家庭という密室で起こる夫婦間のモラハラを扱います。

それでは最初に、「家庭モラハラ」の具体例を挙げてみましょう。

＊＊＊

午後六時半。いつもの時間に夫が勤めから帰ってくる。

台所で夕食を作りながら耳をそばだたせ、足音で今日の機嫌をさぐる。

ミシッという、いやな足音が聞こえた。体中に寒気《さむけ》が走る。

今日はダメ。目を閉じる。

夫はいつものように居間には来ず、玄関から風呂場へ行ったらしい。足音が止まる。

物音一つしない。

早鐘《はやがね》を打つ胸を抱えながら風呂場へ行くと、夫が、からっぽのバスタブをにらみつけ、突っ立っている。風呂場の何かが彼を不機嫌にさせているのだ。

「どうしたの?」言いながら青くなって風呂場を見渡す。

「なんで風呂のフタが閉まってないんだ！」

バスタブを洗った後、いつものようにフタを開けたままにしていた。

「ごめんなさい。閉めておけばよかったね」必死に謝って震える手でフタを閉める。

夫は足音高く玄関に向かうと、家が壊れそうな勢いでドアを閉めて出ていった。そして一晩戻らなかった。

＊　＊　＊

このように、思いがけないときに理由もわからず怒られる妻は、しだいにビクビクと夫の顔色をうかがうようになり、緊張する毎日を強いられます。しかし、いくら夫の顔色をうかがっても、夫の爆発を止めることはできません。昨日は夫を怒らせなかったことが、今日は彼の点火プラグになりうるからです。

妻には、夫を怒らせない方法がわかりません。いつも神経を張りつめ、失敗しないようにと、祈るように暮らしています。

続いて、もう一つの典型的な例を『家庭モラル・ハラスメント』（熊谷早智子　２００８）から挙げてみましょう。

＊＊＊

ある朝、いつものように魚を焼く。

夫はじゅうじゅうと音を立てている焼き魚しか食べない。いつものようにタイミングを計って食卓に並べる。

リビングの隅《すみ》で夫は新聞を読んでいる。

「ごはん、できたわよ」

背中に話しかけても返事がない。

「ごはん、できたよ」

しばらくして話しかける。夫は新聞から目を離さない。どうしよう、魚が冷めてしまう……。魚が冷めたころ、夫はテーブルにつき、魚の上に手をかざし温度を測るふりをした後、魚の皿をわきに置く。

「俺にこんな冷めた魚を食わす気か」

じっと魚の皿を睨《にら》みつける。

私はまた立ちすくむ。

＊　＊　＊

この夫は声を荒らげたりしているわけではありません。どこか不気味で得体の知れない怖さは漂うものの、ここに登場した夫たちを直ちに「暴力夫」と呼ぶことには誰しも抵抗があるでしょう。なのに、なぜ彼女たちはこんなに不安になり、手が震えたり、立ちすくんだりしてしまうのでしょうか。

目に見えるような暴力はなくても、妻は恐怖でがんじがらめになり、夫の一挙一動に怯《おび》えています。それは、「**人の気持ちを踏みにじって不安にさせる理不尽な態度**」や「**ささいなことを持ち出して、相手に非があるかのように怒り出す**」といったことが、この家庭で日常的に繰り返されているからです。

それがモラル・ハラスメントです。

最初にこの概念を提唱したのは、フランスの精神科医、マリー＝フランス・イルゴイエンヌでした。「**言葉や態度によって、巧妙に人の心を傷つける精神的な暴力**」に「モラル・ハラスメント」という名が与えられたことで、日常に潜む、この巧妙な「見えない暴力」の存在や、そのために苦しんでいる人がじつは大勢いるということが、世間に知られるようになりました。

もちろん、言葉や態度などによる精神的暴力は、「モラハラ」という言葉が生まれる前から存在していました。ですが、身体に外傷が残るためわかりやすい身体的暴力に比べて、モラハラは外から見えにくいうえ、客観的な証拠を示すことも難しいため、他人に説明してもわかってもらえず、被害者は孤立しやすい傾向にありました。

家庭内のモラハラはとりわけ外から見えにくく、被害が深刻になりやすい傾向があります。モラハラ加害者である夫は、妻の言うことなすことを否定し、人格までも否定します。それだけではなく、何を言っても徹底的に無視するなど、**相手の精神を傷《いた》めつけるようないやがらせを繰り返すことで、相手の自尊心や判断力を徐々に低下させ、行動や思考までもコントロールしようとするのです。**

ターゲットになった被害者は、しだいに〝その人らしさ〟を奪われていき、気持ちが不安定になり、逃げ場のない精神状態に追い込まれていきます。抑うつ状態が続き、心身症の症状があらわれたり、最悪の場合は自殺にいたることもあります。

殴《なぐ》ったり蹴《け》ったりするような身体への暴力がなくても、被害者の精神的ダメージは大きく、恐怖症状やＰＴＳＤ（心的外傷後ストレス障害）の症状が認められることも珍しくありません（69ページ参照）。

なお、モラル・ハラスメントを行うのは夫（男性）だけではありませんが、本書では夫が加害者で妻が被害者であるケースだけを取り上げていることを、お断りしておきます。

DVとどう違うの？

「DV」（ドメスティック・バイオレンス）という言葉は、一九九二年に「夫（恋人）からの暴力」調査研究会（略称・DV調査研究会）という団体が日本で初めて被害調査を行った際に「輸入」した、比較的新しい用語ですが、すでに日本でも名実ともに広く知られるようになりました。一般的には「配偶者や恋人など、親密な関係にある（またはあった）人から振るわれる暴力」という意味で使用されています。

夫婦間・男女間の暴力は、日本でも古くからある問題でした。DVという言葉が使われるようになったことで、この問題が社会で認知され、いわゆるDV防止法（配偶者からの暴力の防止及び被害者の保護に関する法律）の成立や、被害者支援活動の活性化につながりました。

DVといわれる暴力の中身を大別すると、身体的暴力、精神的暴力、性的暴力、経済的支配、社会的隔離などがあります。実際には、これらのうち何種類かの暴力が同時に振るわれることが多いようです。

「暴力」と聞くと、殴ったり蹴ったりという身体的な暴力をイメージしがちですが、DV防止法では、配偶者の暴力とは「身体に対する暴力又はこれに準ずる心身に有害な影響を及ぼす言動」と定義しています。本書においてもDV防止法と同様に、暴力とは、その人の安全や尊厳を脅《おびや》かす、あらゆる力の行使であると考えます。

一方、「モラル・ハラスメント」は精神的な暴力を指しますが、配偶者や恋人から受けるものとは限りません。ただし、本書で「モラハラ」という場合にはおもに夫からの「家庭モラハラ」を指しています。家庭モラハラは精神的DVともいわれます。

夫が怒るのは、みんな私が悪いせい？

さて、モラル・ハラスメントを行う夫とは、どんな人なのでしょう。ここからは、モラハラをする夫のことを「モラ夫」と呼ぶことにします。

出会ってつきあい始めた頃のモラ夫は、やさしくて親切で、「いい人」「ステキな男性」といった印象を与えることが多いようです。さらに、外見がよかったり、有名大学や大学院を出て一流企業に勤めていたり、家柄がよかったりして、あなたにとって「理想の結婚相手」だと、大いに夢を見させてくれたかもしれません。

ところが結婚が決まったとたん、あるいは妊娠や出産を機に、ささいなきっかけから豹変《ひょうへん》し、「執拗な攻撃」「全否定」「完全無視」などが始まります。驚き、困惑《こんわく》するあなたに彼はこう言います。「**俺を怒らせるおまえが悪い**」と。

多くのモラ夫は頭がよくて、弁が立ちます。独自の理論でたたみかけてきて、少しでも反論しようものなら、機関銃のように理詰めで説教されます。

しだいにあなたは、自分の考えを通すより、「この場は彼の言う通りにして収めよう」と、嵐が過ぎ去るのを願うようになります。

そしてある日、突然の無視が始まります。話しかけても答えてくれません。彼は、まるであなたがそこに存在しないかのように振る舞います。せっかく作った料理に、箸もつけません。不機嫌な表情から、怒っていることは明らかです。

張りつめた空気のなかであなたは、「私の何がいけなかったのかしら」と、自分の言動を細かく振り返りますが、心当たりがないので不安になります。

彼の怒りに恐怖を感じても、原因がわからないので対策を立てることもできません。これ以上、彼の神経を逆《さか》なでして機嫌を損《そこ》ねないようにと顔色をうかがい、細かい表情の変化やちょっとしたしぐさ、声のトーンに敏感になります。あなたの耳は、彼が帰ってくる車の音、玄関のドアを開ける音、スリッパの音などにいちいち反応し、彼と一緒にいる間、あなたのエネルギーの大半が、彼を怒らせないようにすることに注がれます。

けれども、どんなに努力しても、彼はある日突然「おまえが悪い」と言って怒り出します。あなたの経験にもとづく知恵や工夫は通用しません。なぜなら、彼はあなたの主体的な行動を認めたくないからです。そうすることで、**あなたから問題への対処能力を奪い、支配という「魔法」にかけて、身動きが取れないようにがんじがらめにしてしまうのです。**

彼が理不尽に怒るのは、あなたに恐怖を植えつけるためであり、あなたがしたことやしなかったことのせいではありません。何か原因があったとしても、それはきっかけに過ぎないのです。あなたがどんなに努力しても、彼があなたを心から認めることはないでしょう。

モラハラ行為のチェックリスト

モラ夫がおこなう典型的な行為の例を挙げます。いくつ該当《がいとう》すればモラハラと認定されるということではありませんが、客観的な目安になるでしょう。

夫と知り合ってから今日まで、あなたが経験したものがどれくらいあるか、チェックしてみてください。

- □怒鳴る。強い口調で命令する
- □何時間もしつこく説教する。問いつめる。反省文を書かせる
- □土下座を強要して謝らせる
- □あなたが大切にしている物を壊す。勝手に捨てる
- □あなたが病気になっても看病しない。病院に行かせない
- □財布・携帯を取り上げ、部屋に閉じ込める
- □車やバイクに同乗させて危険運転し、抗議するといきなりあなたを降ろして去る
- □「殺すぞ」「死ね」などと脅す
- □「別れるなら死ぬ」と脅す。自殺未遂（狂言自殺）をする
- □家族がかわいがっているペットや小動物を虐待する
- □「出ていけ！」と言う。家から締め出して、なかに入れない
- □何を言っても無視して口をきかない
- □大きな音を立てて（ドアを閉めるなどして）威嚇《いかく》する
- □壁やドア、家具などを壊して恐怖を与える

□あなたの実家や親戚、友達をばかにして悪口を言う
□「不細工」「デブ」などとあなたの外見をばかにしたり、学歴・職歴をばかにする
□「頭が悪い」「役立たず」「何をやらせてもできない」などと言って侮辱する
□あなたが人前でした発言・行為についてダメ出しをする
□子どもの前で「母親失格だ」などと悪口を言う
□異常な嫉妬をする
□料理に不満を言う。作っても食べない
□服装・髪型・体型などの好みを押しつけ、従わないと怒る
□自分のメールにすぐ返信しないと（電話にすぐに出ないと）怒る
□あなたの体調や気分に関係なくセックスを強要する
□あなたがいやがる（性的な）行為を強要する
□ほかの女性との性的な関係（風俗通いを含む）を認めさせる
□子どもができないことを一方的に責める
□仕事に就かせない。制限する
□支出内容を細かくチェックし、口を出す
□生活費を渡さない。またはわずかしか渡さない

□あなたには極端な節約を強いるが、自分の趣味にはお金を惜しまない
□自分の収入や資産、投資額について教えない
□実家や友人、職場の同僚とのつきあいを制限または禁止する
□あなたが外出する際、事前に自分の許可をとらせる
□メールや電話、外出先で会う相手や話の内容をチェックする
□あなたの趣味や習い事、楽しみを制限する
□ひんぱんに電話やメールをしてあなたの居場所や行動を監視する
□あなたが外出しようとすると、わざと用を言いつけて妨害する

モラハラの加害行為は、一つ一つはたいしたことではないように見えても、日常的に繰り返されると被害者の心はしだいに壊れていきます。

被害を受ける側は日々あまりにつらいので、意識的にしろ無意識的にしろ、むりやり自分を納得させていたり、思い出さないようにしていることがよくあります。

私ってモラハラ被害者なの？

モラハラの被害者は、自分が被害にあっていることに気づいていないことが多いのですが、その原因として考えられることがいくつかあります。

①夫はいつも意地悪なわけではないから

モラ夫はつねに不機嫌で意地悪なわけではなく、ふだんはおとなしかったり、やさしくしてくれることもあります。ときおり「いい人」の顔を見せるので、もしかして、彼の言うように悪いのは自分かもしれない、私が彼を怒らせなければ、彼はずっといい人なのかもしれないと思うかもしれません。

でも、彼のやさしさは、たとえば思いがけないプレゼントだったり、高級レストランに連れていったりといった、わかりやすい、表面的なやさしさではありませんか。

彼はあなたが本当に望んでいることをしてくれるでしょうか。

②友達や実家と疎遠になり、相談相手がいないから

結婚前の友達や実家とのつきあいを制限（または禁止）されていて、あなたが気軽に相談できる人が近くにいないという状況になっていませんか。

あからさまに禁止しないまでも、あなたが友達と出かけて帰ってくると不機嫌だったり、その友達の悪口を言ったりするので、だんだん会いにくくなっているかもしれませ

ん。あなたが出かけると誰とどこに行くのかいちいち聞くので、しだいに外出が減っているかもしれません。

めったに会わない友達に、夫婦間のことはなかなか相談しにくいですよね。でも、一人で抱え込んで悩んでいると、客観性が失われて、適切な判断がしにくくなります。

③友達や実家に相談しても、わかってもらえないから

一つ一つの出来事はささいなことに見えるので、あなたが精神的な苦痛や不安を訴えても、周囲の人にはなかなか理解してもらえません。逆に「あなたにも悪いところがあるんじゃない？」とか「夫婦は我慢も必要よ」などと言われ、もう十分すぎるほど努力し、我慢を重ねているにもかかわらず、「まだ私の努力が足りないのかしら」と相談する気力すらなくなり、ますます一人で抱え込んでしまうかもしれません。

④自分の意見を持ったり、考えを人に伝えるのが苦手になっているから

夫から、「頭が悪い」「常識がない」「何をやらせてもちゃんとできたためしがない」「役立たず」などと繰り返しけなされていると、しだいに自尊心が低くなっていきます。

自分の気持ちを押し殺して、毎日夫の顔色をうかがっているうちに、自分の意見を人に言ったり、自分の考えに従ってものごとを判断する、行動するといったことがだんだん難しくなります。

モラハラ行為の一つ一つは、他人が聞くと「取るに足りないささいなこと」に思えるかもしれません。つまり、点で見るとわかりにくいのですが、くわしく聞いて点と点をつなげていくと、異常な全容が見えてきます。

モラハラが日常的に続いていると、当事者には、どこまでが普通でどこからが異常なのかがわからなくなります。誰にも理解してもらえないまま、長いトンネルのなかをさまよっているような感覚かもしれません。

モラ夫が意識的に「洗脳」や「マインドコントロール」をしようとしているのかどうかはわかりませんが、被害者の状態はそれに近いと思います。

多くの被害者が、「モラハラ」という言葉に出会って、自分の置かれている状況や被害に初めて気づいたとき、「目が覚めたようだ」と言います。

モラ夫がかけた魔法が解けた瞬間です。

モラハラ被害者のためのチェックリスト

次に、モラハラを受けているとどんな心理的影響があるか、特徴的なものを挙げておきます。

モラハラ行為のチェックリストだけでは判断がつかない場合でも、被害者のためのチェックリストであてはまることが多いなら、あなたはモラハラ被害者である可能性が高くなります。どうぞチェックしてみてください。

□夫が何を考えているかを読み取ろうとすることにつねにエネルギーを使う
□自分の言動に対する夫の反応を先読みし、不測の事態に備えようとする。そのために結局、何もできなかったりする
□夫が機嫌を損ねそうな事柄を伝えるのは気が重いので、言わずにすむ方法を考える
□ちょっとした失敗（皿を割ったなど）をしたとき、夫がいなくても叱責《しっせき》する声が聞こえる気がする
□夫の帰宅時間が近づくと緊張し、友人との電話をあわてて切り上げたり、子どもがさっさと片づけをしないと厳しく叱ってしまう
□好きなTV番組は、録画して夫がいないときに一人で見たい
□夫が楽しみにしている旅行やイベントには気が乗らなくてもつきあい、一応楽しそうに振る舞う

□夫に頼まれたことは完璧にやらなくてはと思う
□夫がセックスを要求してきたときは断れないと思い、いやな行為も我慢して応じる
□夫が怒り出すと、早くその場を収めることだけ考える
□夫の言うことが間違っていると思ったときでも正さずに流す
□家具や家電などを購入するとき、自分の意見や好みは聞いてもらえないとあきらめている
□友達から誘われたとき、夫がその日留守かどうかで参加できるかどうかが決まる
□結婚前に楽しんでいた趣味はほとんどやめたか、やっても今は楽しめない
□夫が機嫌を損ねないようにと、隠していることや小さなうそがたくさんある
□夫が予定を変更して外出しなかったり、早く帰宅したとき、ひどくがっかりする
□外出すると、早く帰らなければとそわそわする。帰りが遅くなったとき、無意識に言い訳をたくさん考えている

モラ夫を変えることはできる？

モラ夫の妻たちは、ずいぶんつらい思いをしているにもかかわらず、「夫は悪い人じゃ

ない」「子どもはかわいがってくれるいい父親で……」「私さえ我慢すれば……」と、なかなかモラ夫を切り捨てられません。

また、夫からいつも「能なし」「非常識」「おまえなんか社会で役に立たない」と言われているので、一人で生活する自信が持てなくなっています。自分一人で子どもを抱えてやっていく自信がないということが、夫から離れられないいちばんの理由として挙がります。

さらに、自分が別れたいと思っても、夫は簡単には別れてくれそうもなかったり、家を出ても追いかけられて連れ戻されるのではないかと不安になったりします。子どもがいれば学校の問題もありますし、将来の経済的な不安などもあるでしょう。

結局、夫が改心して変わってくれるのがいちばん楽で円満におさまる解決法だと思えるのも無理はありません。

しかし、これまで多くの相談を受けてきましたが、夫が自分の非を認め、改心し、モラハラやDVがなくなったなどというケースは、きわめてまれだと言わざるを得ません。

モラ夫が「悪かった、反省している。もう今までのようなことはしない。俺は生まれ変わるから、もう一度やり直そう」と言うこともあります。

じつは、ほとんどのモラ夫がこの類《たぐい》のことを一度は言います。あなたにすがり、涙を流して言うので、「そこまで言うなら本気だろう」とその言葉を信じたくなるのですが、モラ夫がもとに戻るのにそれほど時間はかかりません。

多くの被害女性がモラ夫の言葉を信じては裏切られて、やっと目が覚めるようです。

もともと自己中心的で共感性の低いモラ夫です。妻の苦しみや心の痛みを自分のことのように感じて、あなたが望むような人間に生まれ変わることは困難と考えるのが自然です。

あなたがどうしても「夫を変えたい」と願い、モラ夫も「変わりたい」と心から思っているとしても、実際に変わるためには、モラ夫が自ら行動を起こさなければなりません。

ＤＶ加害者を対象としたプログラムをモラ夫が自分で調べて、足を運び、専門家と取り組み、自らの問題として向き合う必要があります。こうしたプログラムを実施している専門機関は、ほとんどが都市部に集中していますが、地域によっては加害男性の相談を受けているところもあります。

もしモラ夫が専門機関に通うようになった場合でも、その間、あなたはモラ夫と別居して、物理的・精神的な安全を確保してください。モラ夫が一定期間、プログラムにきちんと出席し、積極的に参加したなどの客観的な評価を得られた場合に限って、その後のことについて話し合うという約束をするのはいかがでしょうか。

ただし、どんなに効果があるといわれるカウンセリングや加害者更生プログラムでも、ただそこに行けば効果が出る、というものではありません。

「わかった、俺もそこに行ってみるよ」とモラ夫が自ら専門機関や心療内科を訪れたとしても、いつもの外面のよさで自分に都合のいいストーリーだけを話すなら、変化はまったく期待できないでしょう。

なかには、そういうところに行ったという事実を逆手《さかて》にとって、「俺がこんなに努力しているのがわからないのか」などと主張するモラ夫もいます。すると妻も「彼はがんばってくれている。私がもう少し我慢しなければ」と以前とまったく同じ状況になってしまう場合もあります。ただ専門機関に行ったというだけでは安心できません。

モラ夫があなたとの将来のために変わる意思があるか、誠実な態度で積極的に取り組むことができるかどうかがカギになります。

一般的には、**モラ夫が自分の問題を認めることはめったにありませんので、本気で変わろうとするとは考えにくいというのが実状です。**そして、あなたがそうやって迷っている間にも、子どもたちはモラ夫の影響下で、母親の不安な顔を見ながら育っていきます。

それでも、モラ夫が変わってくれるかもしれないという、ごく小さな可能性に賭けたいですか。

column

モラハラと夫婦げんかを分けるもの

モラハラには、一般的な夫婦げんかとは違う特徴があります。たとえば、**支配的であること、一方的であること、そして相手を徹底的に攻撃して屈服させること**……などです。

モラ夫は突然「スイッチ」が入ったように怒り出します。原因やきっかけがささいなことであるのに対し、怒りは不釣り合いなほど激しく、エスカレートするとしばらくはおさまりません。

夫婦の立場は始めから対等ではなく、モラ夫は上から目線のエラそうな口ぶり（まるでオレ様）です。妻の立場は考えず、釈明する機会も与えず、一方的に怒ります。

モラ夫は、ものごとに対して腹を立てるのではなく、自分を怒らせた妻に怒りを感じるので、攻撃の矛先《ほこさき》は妻になります。妻の人格、人間性、性格を全否定して、容赦なく叩きのめします。

妻が反論しようものなら、威圧したり脅したり、相手が屈服するまで責め続けます。立場が悪くなると、巧妙に論点をずらしながら持論を展開してたたみかけてきます。

勝ち負けが大事なので、反省文を書かせ、罰を与え、土下座の要求もします。自分も悪かった、という思いはこれっぽっちもありません。「悪いのはおまえ（妻）だ」と言われ続けるので、妻は自責、屈辱感、無力感でいっぱいになり、精神的なダメージを受けます。

では、ふつうの夫婦げんかはどうなのかというと、ささいなきっかけで始まるところは似ているかもしれませんが、たがいに感情や言いたいことをぶつけあい、双方向的なやりとりをします。そのなかで、誤解があれば修正し、必要ならば譲歩し、非があると思い当たれば（自らの意思で）謝ります。

けんかのあとは、たがいの気持ちをぶつけあった分、気持ちが多少軽くなったり、わだかまりが解けて相手を理解したと思えたり、少し言い過ぎたと反省したりするでしょう。逆に、たがいの言い分が平行線をたどって決裂したときは、すぐには腹の虫がおさまりませんが、怒りの矛先はあくまでも相手の言動や態度であり、相手の人間性を徹底的に叩きのめして従わせることに執着したりしません。

あなたはどれくらい、自分の言いたいことを夫に言うことができますか。

夫はあなたの言い分を、どれくらい聞こうとしてくれますか。

もし、言いたいことが言えて、相手も多少はこちらの話を聞いてくれるなら、幸いなことにあなたの夫はモラ夫ではありません。

（本田）

column

モラハラに気づくとき

幸子さんは大学を出てまもなく結婚。夫はいつも自分の行きたいところに行き、自分の好きなものを注文する人でした。家事が苦手な幸子さんに細かく指図し、気に入らないことがあると不機嫌になり、大きな音を立ててドアを閉めたり、物を床や壁に叩きつけたりしました。

幸子さんは夫を怒らせないようビクビクしながら生活していましたが、ほどなく妊娠し、出産のために里帰りしました。実家では安心してのびのびと過ごすことができ、「家庭ってこんなに居心地がいいものなんだ」とあらためて気づくと同時に、夫との生活はいったい何なのかと考えさせられました。

その答えを教えてくれたのは、たまたまテレビで見たモラハラ特集でした。「ウチとそっくりな再現ドラマ」を見た幸子さんは、腰が抜けるほど驚きました。そしてある出来事が家を出る決意をさせました。

夫はケチで、水道代を惜しみ、風呂は何度も追い焚《おだ》きをさせるのですが、気分しだいで「お湯が汚い！」と怒鳴り出します。ちょうど子どもの問題で頭がいっぱいだった幸子さんは、また風呂水のことで怒鳴り出した夫についに「プチン」とキレました。

表面張力でかろうじてこぼれずにいたコップの水が、一滴の水であふれ出したのです。

「家を出る！」「夫と別れる！」そう決心した幸子さんは、女性相談所を訪ねて脱出したいと告げ、アドバイスをもらって着々と準備を進めました。夫は相変わらずささいなことで幸子さんを怒鳴りつけましたが、そのたびに幸子さんの決意は固くなりました。

夫が出張でいない日に合わせて荷造りをし、頼んでおいた引っ越し会社の手配で社名なしのトラックに荷物を積み、新しい土地へと引っ越しました。

その後、ようやく離婚した幸子さんでしたが、元夫はなぜ離婚しなければならなかったのかが理解できず、数年にわたり幸子さんにさまざまなことを命令するメールが届いたと言います。


自分はモラル・ハラスメントの被害者だ、と気づくきっかけはさまざまです。

自分さえ我慢すれば、怒る材料さえ与えなければいいんだ、と、やはり夫の顔色をうかがいながら暮らしていた智子さんが、「モラル・ハラスメント」という言葉を知ったのは、偶然見たインターネットの相談掲示板でした。

「夫は自分にこんなことをする、こんなことを言う」と書かれた内容は、ほとんどすべて智子さんが夫からされていることと同じでした。そして「あなたがされているのはモラル・ハラスメントですよ」と書かれた回答欄のリンクをクリックして、「モラル・ハラスメント被害者同盟」のサイトに行き着いたと言います。

佳子さんは、相談した知人から「あなたは大事にされていない」と言われて気づきました。「本来、夫婦はおたがいを慈《いつく》しむものなのに、あなたは粗末にされている。あなたの夫は全然いたわりがない、おかしいよ」と言われて、はっとしたと言います。

「いのちの電話」の相談員から「あなたはライオンと一緒に檻《おり》のなかにいる」と言われた和美さん。「すぐにそこから離れなさい」と言われたそうです。

離婚した後で、元夫がモラ夫だったと気づく人も少なくありません。「離婚してよかったのだろうか」とずっと後悔に似たわだかまりを持っていた恵子さんは、自分が受けていたのがモラハラだったと知ったとき、すべての謎が解け、きっぱりと過去と決別できました。

自分がモラハラ被害者だと気づいた人たち全員が口をそろえて言うのは、「**悪いのは相手で、自分ではない――こんな簡単なことに、なぜ気づけなかったのだろう**」ということでした。

まずは、気づくことが第一歩です。

（熊谷）

2章 モラ夫の見分け方、おしえます

人は十人十色と言いますが、妻たちが語るモラ夫の特徴は、なぜかとても似ているのに驚かされます。共通点が多いのです。
以下に、モラ夫たちの生態の一部を、具体的なエピソードを交えて紹介します。

1 結婚したとたん、ロマンチストからケチ夫に変身

結婚前は、ロマンチックな男を演じます（本人もそう信じている?）。思いがけない花束のプレゼントや、ドラマチックな仕掛けで告白するなど、つきあい始めの頃は感動させてくれたのに、結婚が決まってあなたが自分のものになったと確信したとたん、ケチ夫に

変身します。

二人で外食や旅行をする機会はめっきり少なくなり、日々の生活全般の出費に細かく口出ししてきます。一日の食費の上限を設定したり、スーパーで買い物したレシートをいちいちチェックしたり、節電や節水にも熱心なモラ夫。彼は、あなたのお皿の洗い方、シャワーを浴びる時間の長さにまでケチをつけてくるかもしれません。

世間で言うところの節約家の夫と違うところは、**妻にかかる出費には厳しいのに、自分の出費には甘い**ことです。自分の趣味（たとえば車やスポーツ、プラモデル、マンガ本、楽器など）や服などにはこだわりがあり、いくらお金を使っても平気なのに、妻の洋服や化粧品、趣味に関わる出費には厳しくダメ出しをしてきます。

2　計算高く、自己中心的

自分のことが何より大切で、自分に甘く、他人に厳しいのが特徴です。共感性が低いので、**他人の気持ちには鈍感ですが、どうすれば思い通りに人を動かせるかという意味では人の心理をよく観察しており、平気でうそをついたりもします。**

人間関係は、自分にとって利用価値があるか、言うことを聞いてくれるかどうかが判断基準になります。

ちょっとした得のために不釣り合いなほどのエネルギーを費やし、損をするのをひどくいやがります。たとえばあなたが、買い物でもらえるポイントや特典をもらわなかったときなどは、損をしたと大騒ぎをしていつまでも責めたり、ばかにしたりします。

他人の痛みや苦しみには無頓着で、妻が体調が悪いと訴えると、心配するより先に不機嫌になります。妊娠中の妻の体調を気づかったり、子どもが生まれてから夫婦が協力しあって子育てするといったことは期待できません。

また、協調性に欠けるので、集団行動は苦手です。

3 つねに上から目線

基本的に自分は特別な存在だと思っており、他人を見下します。夫婦や親子の関係でも、自分がえらくて妻や子どもは格下扱いです。

自分が優位に立ちたいので、あなたのご両親をはじめ、出身地、出身学校、学歴、職業などをばかにし、あなたが大切にしている友達や尊敬する人の悪口を言って、あなたの自尊心を傷つけます。

妻や子どもたちの前で、職場の自慢話をえんえんとする一方で、上司や同僚の無能力ぶりを遠慮なく批判し、こきおろします。人の能力や努力を認めてほめることはなく、お世話になった人への感謝の念などもないようです。誰かが成功すると嫉妬心でいっぱいになり、その人の欠点をあげつらいます。

4 他人にどう見られるかをひどく気にする

世間体や人目を気にするので、外ではめっぽう「いい人」だと思われている場合があります。中高年になっても服装や持ち物に気をつかい（自分のためにはお金を使う）、日頃からジムに通って体型を維持し、鏡に映る自分の姿を見るのが大好きなナルシストのモラ夫もいます。

昇進や昇給など、**対価がはっきりしている場面では、目を見張る頑張りを見せます。**目立つ場面で能力を発揮するので、会社での評価は「仕事ができる人」だったりします。反対に、地道な努力を重ねるような縁の下の力持ちになるのは嫌いです。むしろ、そういう人をばかにしている一面があります。

また、**大勢が集まる場では妻を持ち上げ、よい夫を演じます。**妻を気づかい、人前で日頃の労をねぎらうジェントルマンぶりを発揮するので、周囲の人から「いいだんな様ね」と言われることも少なくありません。昔の夫に戻ったかと喜んだのもつかの間、家に帰れば馬車がカボチャに戻るように、いつものモラ夫に戻ります。

5 弁は立つが、話し合いはできない

自分を正当化するのが得意です。少しでも不利だと本能的に感じると、スイッチが入ったようにまくしたてます。話をすり替えて持論を展開するので論点がずれていきますが、何を言っても聞く耳を持たず、矛盾を指摘するといっそう激しくまくしたててきます。話を戻そうとしても平行線をたどるばかりです。

人の意見に耳を傾けることは不得手で、責任転嫁は得意です。悪いのはいつも妻のほうで、モラ夫にとっての正論をふりかざし、えんえんと説教をしてきます。

話の中身は、論理的で筋が通っているかのように聞こえますが、よく聞いていると、自分に都合のよいことばかりを並べ立てています。きちんとした話し合いはほとんど不可能です。

6 ダブルバインドでしばりつける

心理学に「ダブルバインド」という言葉があります。二者択一を迫られて片方を選んだら怒られ、もう一方を選んでもやっぱり怒られるので身動きがとれない、そんな状況のことです。モラル・ハラスメント被害者同盟では「後出しじゃんけん」とも言われています。

たとえば、次のようなことが日常的に繰り返されます。

夫の会社の人たちの集まりに夫婦で出かけることになり、「何を着て行ったらいいかしら？」と聞くと「何でも俺に聞くな。少しは自分で考えろ」と何も言ってくれません。しかし、当日妻が一生懸命考えて選んだ服を着て出かけようとすると、「なんだ、おまえ、大事な席にそんな格好で行くのか。俺に恥をかかせる気か」と怒ります。

また、夕食のおかずの品数が少ないと怒り、多く作ると「こんなにたくさん作って誰が食べるんだ、おまえ、金が余ってるのか！」と怒られる、ということもよくあります。

どっちを選んでも不正解、ああ言えばこう言う、何をしても文句を言われるので、あなたはどうすればいいのか途方に暮れてしまいます。

ちなみに、ダブルバインドではありませんが、たとえば、味噌汁の温度にうるさく、同じ温度でも、あるときは「熱い！」と怒り、あるときは「ぬるい！」と怒る、といったタイプの「後出しじゃんけん」もあります。

7　説明なしに無視し続ける

話しかけても返事をしない。目を合わせない。まるで妻が存在しないかのように振る舞い、何を言っても無視する。用件があるときだけメールやメモで一方的に伝えてきます。

無視はある日突然始まり、長ければ数週間に及ぶこともあります。食事を作っても、これ見よがしにコンビニでお弁当を買ってきて食べたりします。わざとため息をついたりして、不機嫌オーラを漂わせます。

あなたは、夫がどうして怒っているのかあれこれ考え、それでも思い当たることがないのでとても不安になります。

無視は突然、何事もなかったかのように終わることもありますし、理由を教えるときでも、ストレートに言うわけではなく、ヒントのようなことを言って、「あとは自分で考えろ」的な終わり方をするので、わけがわからずますますあせって不安になります。

しかし、この理由というのは、じつはたいしたことではないのです。ただ、**あなたを不安にするための手段にすぎません。**

8 すれ違いざま、捨て台詞を吐く

すれ違いざまに「役に立たねえ〜」「死んでください」「母親失格」「まったく〜」「頭悪い〜」「運動神経あるの〜」「ブス」「最低」などといった、軽蔑の意味を込めた悪意のある言葉を聞こえよがしに言ったり、チッと舌打ちしたり、「ハア〜ッ」とわざとらしいため息をついたりします。

大人げない態度ですが、言われたほうは、とってもみじめで情けない気持ちになるし、悲しくなってしまいます。そうやってあなたの自尊心をズタズタにして、コントロールしようとするのです。

9 マイルールが大好き

家庭のなかに、いつの間にかたくさんのルールができていることに気づかされます。モラ夫の要求がルールにされているのです。言われた通りにしないと機嫌が悪くなるのでやってあげると、いつの間にかそれが「やって当たり前」になってしまいます。

たとえば、夕食は七時と時間がきっちり決まっていて、遅くても早くてもだめ。おかずは一汁三菜と決められている。「手を抜くな！」と、インスタントや冷凍食品の使用はいっさい認められません。食品添加物が入っていないか、細かくチェックが入ります。おかげで食事の支度に時間がかかり、モラ夫が家にいる土日は、三食作るのに一日中、台所に立ちっぱなしになることもあります。

モラ夫からの電話には「一〇秒以内に出ろ」と言われたり、お風呂を沸かす回数、浴槽の湯の水位まで決められたりします。

持ち家でも壁に釘を一本も打ってはいけないとか（収納家具は買わせてくれないので片

づけるのにひと苦労です）、妻の髪型、化粧、服装も、夫の価値観で決められます。妻の体重が一キロ増えるごとにペナルティ（罰）を科されたり、**暗黙のうちに定められた意味不明なルールがたくさんあります。**

10 人を利用価値で計る

モラ夫には、主従関係でしか人とつきあえないタイプと、外面がいいタイプがいるようです。

前者は、上司など権力のある人にはペコペコ従い、部下にはえらそうな態度をとる小心者タイプ。後者は、一歩外に出るとまったく別人のようにいい人になりすまし、家庭と使い分ける二重人格タイプです。

モラ夫は基本的に自分以外の人間を信用していないので、信頼関係を築くのはきわめて困難です。ささいなことでも裏を読み、自分をばかにしているのではないかと猜疑心《さいぎしん》を持っています。

自分以外は、人であってもモノのように利用します。あなたが妊娠中であろうと、出産直後であろうと、体調が悪いときであろうとおかまいなし。お気に入りの品がないと、深夜に近くのコンビニまで走らされるようなことがちょくちょく起こります。

一見やさしい言動の真意は、その人に気に入られたいという理由以外では、「○○な人に見られたい」とか「○○な自分でありたい（そういう自分に酔っている？）」など、自己中心的な理由であることが多いようです。

モラ夫の思考パターンがわかってくると、結婚前の一見やさしい言動で「愛されている」とか、「やさしい人だ」と思ったのが勘違いだったことがわかります。

基本的に人の面倒を見たりはしませんが、成り行きで（またはそうすることが利益につながると判断して）お世話をした場合には、そのことを後々まで覚えていて、繰り返し恩に着せます。

11 えこひいきして、家族を操作する

妻と子どもへの待遇を極端に差別したり、きょうだいの一人だけをかわいがったり、一人だけ仲間はずれにしたりして、家族が一致団結できないようにします。

特定の子だけをかわいがり、誕生日にほかのきょうだいがうらやむようなプレゼントを一人だけに与えたりします。こうすることで、被害者同士が同盟を結ばないようにコントロールし、支配権を維持しようとしているのでしょう。

12 ここぞというとき、迫真の演技をする

モラ夫にとって、あなたのほうから離れていくことは絶対に受け入れられません。あらゆる手段で阻止しようとします。

それまで一度も身体的な暴力はなかったのに、別れ話を持ち出したとたん暴力を振るったり、実家へ帰った妻を追いかけてきて、暴れたりすることがあります。あるいは、あなたを取り返そうと、迫真の演技で訴えてきます。ここぞというときのモラ夫の演技は、「もしかして本当なの？　今度は本気？」と思わせるくらいの迫力があり、彼をよく知る人でもだまされてしまう危険があります。

たとえば、妻が家を出て居場所がわからないとき、警察に捜索願いを出して「妻がうつ病で自殺するかもしれない。早く探してやらないと手遅れになるかもしれない。自分がそばにいてやらないと心配だから一刻も早く探し出してほしい」などと言って、妻を案じるやさしい夫を演じたりします。また、あなたの携帯やパソコンから交友関係を調べて、さまざまな口実で居所を突きとめようとします。

妻の実家にあらわれて、両親の前で**自分の至らなさを土下座して謝罪したり、反省していると言って涙を流したりします。**そこまで言うならと、もう一度やり直すことにして夫のもとに帰ると、とたんに元通り。反省の言葉も親との約束もうそで、支配はいっそう厳

しくなります。自分を連れ戻すための演技だったのだと気づいたときは、お金も自由も奪われて、身動きできない状態になっています。

13 子どもに異様に執着する

子どもに愛情があるとは思えない場合でも、離婚の際に親権を主張して譲らないモラ夫がよくいます。子どもの学校の保護者会やイベントに出席しては、いい父親ぶりをアピールし、先生や保護者に、「妻は子どもの世話をしない」とか「妻は精神病なので、妻の言うことを信じないでください」などとうそを言って、学校関係者を情報操作します。

自分を見捨てていった妻の思い通りにさせたくない一心で、親権が妻に渡らないようにあの手この手で阻止しようとします。

ほかにも、妻の外出についてきたり、車で送迎する（束縛と監視？）、人前での場違いな発言（空気が読めない）、妻が楽しそうに帰ってくると不機嫌になる（妻や子どもにも嫉妬します）、根拠もないのにしつこく浮気を疑う、決まりごとはばか正直に守り、他人が公衆ルールを守らないと激怒する（融通がきかない）、妻は説明しなくても自分のことをわかっていて当然だと思っている、などなど、大人の男性とは思えないような特徴が数えきれないほどあります。

column

モラ夫はパーソナリティ障害？　発達障害？

モラハラ被害者が、おかしいのは自分ではなくて夫のほうだとわかってくると、夫への恐怖心は徐々に減り、今度は、モラ夫とはいったい何なのか、という疑問がわいてきます。

自分を苦しめ、人生を狂わせたモラ夫。モラ夫の正体が知りたい、なぜモラ夫のような人間ができるのかを明らかにしたいと、ネットや本などで熱心に調べ、いろいろな情報を得るうちに、パーソナリティ障害説や発達障害説に行き当たるようです。

「自己愛性パーソナリティ障害」の特徴は、『精神疾患の診断・統計マニュアル』（DSM-Ⅳ-TR）をのぞくと、「自分が優れており、特別で独特だと信じており、他人にもそのように認めてもらうことを期待している。過剰な賞賛を求める。自分がどれほどうまくやっているか、他の人からいかによく思われているかで頭がいっぱいである。こうした人たちは自分の到着がファンファーレで迎えられることを期待し、他人が自分の能力を羨まないと驚くことがある」などと書いてあります。

ビンゴ！　と思った人、ちょっと待ってください。モラル・ハラスメントの名付け親である精神科医イルゴイエンヌは、モラハラ加害者を「自己愛的な変質者」と呼んではいますが、障害であるなどの診断はしていません。

パーソナリティ障害と診断されるのは、その人本来の人格から生じる偏った考え方や行動パターンのために、家庭生活や社会生活、職業生活において著しい機能障害または苦痛が引き起こされ、本人が苦しんだり、まわりが困っている場合です。その性格傾向と問題行動は、程度を弱めれば、誰もが多かれ少なかれ持っているような性格上の特徴とも言えます。

どこまでが正常でどこからが障害という明確な境目はありません。

ですから、モラ夫がパーソナリティ障害的な要素を持っている、と言うことはできるかもしれませんが、モラ夫＝パーソナリティ障害、とは言えません。あくまでも、ケースバイケースであるとしか言いようがないのです。

それは発達障害も同じです。ある人は、子どもに発達障害が疑われ、調べていくうちに、人の気持ちがわからない、感情が伝わらない、強いこだわりがあるなど、発達障害の特徴が夫にあてはまることに気づいたそうです。

モラ夫が子どもの頃は、発達障害という概念が一般的でなかったために、見過ごされた可能性はあります。しかし、診断基準とされる特徴的な事柄にいくつか該当したからと言って、すなわち発達障害だとは言えません。他の精神疾患や自己愛性以外のパーソナリティの問題があるかもしれないし、まったく別の問題があるのかもしれません。

モラ夫の理解しがたい言動に、なんらかの病名をつけてすっきりさせたいと思うのはもっともですが、病名というのは、本人が専門家に受診して初めてわかるものです。専門家の診断がない以上は、精神科医イルゴイエンヌが言っているように、「自己愛的な変質者」と考えるのが妥当と思われます。（本田）

column

〝モラ夫の自己紹介〟と〝死ぬ死ぬ詐欺〟

「おまえに傷つけられてうつ病になった」「ああ言えばこう言う、人の話が聞けないのか」など、「それは私のセリフでしょう」と言いたくなるようなことをモラ夫がときどき言ったりしませんか。

あるいは「テレビを見ていたら妻が突然テレビを消して、部屋が片づいてないと怒り出した」「女性から仕事のメールが来ただけで焼きもちを焼いて、すごい勢いで携帯を壊した」など、自分（加害者）と妻（被害者）をそっくり逆にして誰かに話しているのを聞いたことはありませんか。

一瞬、耳を疑いたくなるのですが、モラ夫は本気でそう信じているかのようです。**モラ夫は自分と他者を合わせ鏡のように逆転して表現することがあります。**モラル・ハラスメント被害者同盟ではこれを〝モラ夫の自己紹介〟と呼んでいます。

自他の倒錯《とうさく》。発達心理学では、幼児期に自己と他者の認知が養われると考えられていますが、ここでは自他の未分化がみられます。どうやらモラ夫は、ときどき自分と他人の区別がつかなくなるようなのです。

さらにあなたが逃げ出した後、「別れるなら死ぬ」「おまえがいない人生は生きていても仕方がない。死ぬしかない」「今から死にます」「サヨウナラ」などの〝死ぬ死ぬ〟メールや電話で脅すモラ夫も、なぜか多いのです。

まさか本気ではないだろうと思いつつも、心穏やかではいられません。そんなことをしたらますます気持ちが離れていくのに、この期《ご》に及んで、彼は妻の気持ちがわからないようです。いいえ、わかろうという気持ちなどないのです。

モラ夫にとって、妻からの三行半《みくだりはん》はとうてい受け入れられません。「死ぬほど私を愛してくれているんだ」なんて早合点は禁物。あなたを呼び出す作戦です。これも未熟な行動です。

本当に愛しているなら、大事な人を脅したりするでしょうか。本気なのか狂言なのか、なかには行動をエスカレートさせるモラ夫もいます。おまえのせいだと言わんばかりに（死なない程度に）手首を切ったり、睡眠薬を飲んだり、高所から飛び降りたり、それを電話やメールでごていねいに実況中継して反応をうかがいます。心配になって駆けつければ、モラ夫の思うつぼです。また次に逃げ出したときも同じ行動をとるでしょう。なぜならその方法があなたを取り戻すのに効果があると実証ずみだからです。戻っても問題が解決するわけではなく、先送りされるだけです。

では、どうしたらいいのでしょう。

直接連絡を取ったり会ったりしないで、双方の実家、信頼できる知人、警察、弁護士などに相談してください。もともとうつ病などで自殺念慮があったり自殺未遂を繰り返しているような場合は、彼の両親から主治医に相談してもらいましょう。

「どうせ本気じゃないでしょ」「そんな勇気ないでしょ」などと挑発したり自殺をあおるような言動は控えてください。「そんなこと言うなら本当に死んでやる」「俺は本気だ」と衝動的な行動につながる恐れがあります。「おまえを殺して俺も死ぬ！」という心中型にはいっそうの注意を。モラ夫は刑法に触れることはめったにしませんが、感情が暴走するとコントロールがきかないところがあります。

万一、自殺するようなことがあっても、**あなたのせいではありません。**オレに逆らった罰として、一生罪悪感を背負って生きるようにしてやる……、これこそが、どこまでも身勝手な、典型的なモラハラです。

彼の行動の責任は、彼自身にあります。決してあなたのせいではありません。（本田）

3章 その症状、モラハラのせいかもしれません

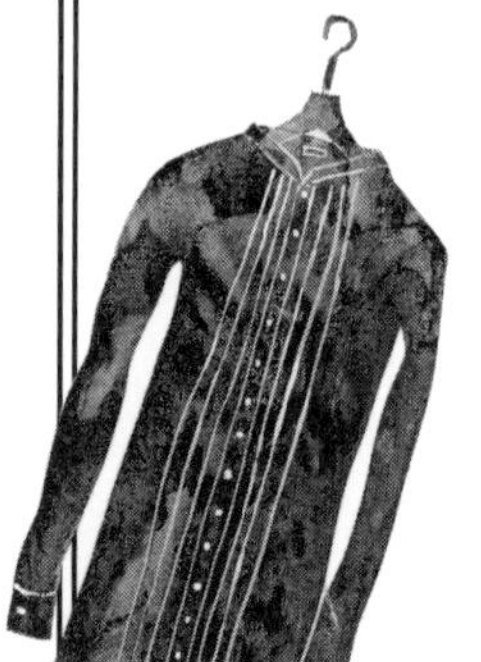

ストレスは体の不調を引き起こす

私たちの生活にはさまざまなストレスがつきものですが、ストレスがすべて悪いわけではありません。適度なストレスであれば、その人の能力を高めたり、何かに挑戦する原動力になる場合もあります。

しかし、日々の生活のなかで解消しきれないストレスを繰り返し受けたり、その人の対処能力を超える大きなストレスを経験すると、心身に影響が出てきます。たとえば、自律神経のバランスの乱れから免疫力が低下して、いろいろな病気の原因となる可能性があり

ます。

モラハラやDVの相談を受けるなかで、体の不調についての訴えをよく耳にします。頭痛、腰痛、耳鳴り、胃痛、吐き気、便秘・下痢、生理不順、風邪やインフルエンザなどウイルス性の疾患にかかりやすい、また一度かかると治りにくい、いつまでも咳《せき》が残る、喘息《ぜんそく》やアトピーなどの持病がひどくなった、などです。

このような体の不調を訴えて、内科、婦人科、呼吸器科、脳神経外科、皮膚科、耳鼻科など、いくつもの病院で治療を受けている方がいます。年齢によっては更年期障害による不定愁訴《ふていしゅうそ》と見分けがつきにくいこともあります。検査をしても異常がなかったり、しばらく通院・服薬して治療しても思うように改善しないとき、医師から「ストレスが原因かもしれません。一度、精神科を受診してみては……」などと勧められることもあります。

モラハラ被害が不調の直接の原因だと断定するのは難しいかもしれませんが、ほかに思い当たる原因がなければ、モラハラによるストレスとの関連は十分に考えられます。

不安、緊張、恐怖から抑うつ状態に

緊張を強いられる生活が続くと、体の不調だけでなく、心の不調もあらわれます。

たとえば、夫が帰宅する車の音、玄関の鍵を開ける音、近づいてくるスリッパの音などが聞こえると、緊張して心臓がバクバクして冷や汗が出る、夫に怒鳴られると体が硬直して何も言えなくなる、過呼吸を起こす、などです。

夜ぐっすり眠れなかったり、そのせいで日中頭がぼーっとしてうっかりミスをするという人もいます。ミスが続くと自信を失い、夫の言う通り、自分はダメな人間だと思えてきます。

家事や仕事が以前のようにテキパキとこなせない、何をやっても楽しくない、疲れやすい、気持ちが沈む、やる気が起こらないなどと、抑うつ的な症状につながっていくこともあります。

精神的な不調の訴えを左に示しました。相談を受けるなかで、よく聞くものです。生活に支障が出ているときは、どうぞ一人で悩まないで早めに専門家に相談してみてください。

●イライラ、焦燥感、過剰な警戒心・恐怖心

- ちょっとしたことでイライラして子どもにきつくあたってしまう
- 落ち着かない。じっとしていられない

- 外出先で夫に似た人を見かけると、体がすくんで動けなくなる
- 夫からのメールや電話の着信音にビクッとして動悸がする
- 同僚が叱られているのを聞くだけで動悸がする。男性の怒鳴り声や指示的な口調が苦手

不眠

- 布団に入ってもなかなか寝つけない
- 眠りが浅くて夜中に何度も目が覚める
- 早朝に目が覚めてしまい、再入眠できない
- 夫に関連した悪夢を見る
- 朝スッキリと目覚めない。朝から体が重く疲れている

気分の落ち込み、意欲・関心の低下

- 気持ちが沈んでいることが多い
- 以前は楽しめたことが楽しめなくなった。何をしたいかもわからない
- やる気が起きない。やろうとしても体が動かない
- ちょっとしたことがひどく負担に感じる。やるべきことを先送りにしてしまう

記憶力・思考力・集中力・判断力の低下

- 物忘れが多くなった。物覚えが悪くなった

・本が読めなくなった。人間関係がややこしいドラマは見なくなった
・仕事や家事が以前のように（テキパキと）できなくなった
・ちょっとしたことでも迷ってしまい、なかなか決められない
・考えが堂々めぐりして、結論が出せない

● 自己評価・自尊心の低下

・自分はダメだ、能力がない、役に立たない人間だ、母親（娘、妻）失格だと思う
・もう昔の元気な頃の自分には戻れないと思う
・人前で意見を言うことができない
・将来に希望が持てない

● 不信感、疎外感

・人を信用できない
・人の言動や物事を悪いほうに悪いほうに考えてしまう
・友達に相談してもわかってもらえない気がする
・人に会うのが面倒になった

● 現実逃避願望・希死念慮

・現実逃避したい、どこか遠くへ行きたいと思う

・いっそ消えてなくなりたいと思う
・死にたくなる

このようなことは、長期間にわたり物理的または心理的に攻撃されたり支配されたり、人としての尊厳を傷つけられ、自由意思を奪われたとき、誰にでも起こる可能性があります。あなただけに特別に起こっていることではありません。安全で安心できる環境を確保し、適切な治療を受けることで回復が望めます。

モラハラがトラウマになるとき

思いもよらないようなショッキングな出来事、たとえば災害や事故、犯罪に巻き込まれたり、暴力やいじめにあったり、大切な人の死などを体験すると、人は傷つきます。実際に命の危険を感じるような恐ろしい体験であればなおさらです。そのような体験によって受けた心の傷のことを、トラウマ（心的外傷）といいます。

つらい体験、恐ろしい体験の直後は、自分の身に起こったことが信じられない、現実のこととして受け止められないという気持ちになることが多いです。強い恐怖に襲われたり、悲しみや怒りなどの感情が麻痺《まひ》して何も感じられなくなったり、突然動悸がしたり冷や汗が出るなど、体の反応が出ることもあります。

このような変化に困惑し、精神的におかしくなってしまったのではないか、もう以前の自分には戻れないのではないかという不安を抱くこともあります。しかし、これらのことは、自分の力ではどうしようもない、いわば制御不能の体験をしたあとに見られる反応としては珍しいものではありません。言い換えると、異常な体験をしたあとに起こる一般的な反応だともいえます。たいていは時間の経過とともにおさまっていきます。

ところが、時間がたってもなかなかおさまらず、苦痛が長引くことがあります。トラウマをもたらした出来事が今ここで起こっているかのように再現され、皮膚感覚や匂いまでリアルによみがえってきたりします。思い出すと苦しいので、トラウマに関連のある物や場所、人、状況を避けたり、玄関のチャイムやメールの着信音、かすかな物音にまでビクビクして緊張が続きます。このような症状が一ヵ月以上おさまらず、生活に支障が出るような場合は、ＰＴＳＤが疑われます。

モラハラの場合、命の危険を感じるような状況だったかどうかを第三者が判断するのは困難です。しかし、身体的な暴力がなくても命の危険を感じることはありますし、ＰＴＳＤと同様のトラウマ反応や恐怖症状が見られることは珍しくありません。

逃げる・避ける・考えない

トラウマをもたらした体験の恐怖や苦痛に対応できず、トラウマに関連する状況や記憶、思考、感情を避けることを回避といいます。つまり、モラハラ被害にまつわるいやなこと、恐怖をもたらすことを頭から追い払う・逃げる・避ける・考えないようにすることです。やるべきことがあるときには、考えないようにすることでその場はうまくいくのですが、根本的には何も解決しないままになります。

感情麻痺も同様です。喜怒哀楽などの感情や、暑い・寒い、痛いなどの皮膚感覚を麻痺させることで、つらい場面をなんとかしのいでいます。現実との間にベールが一枚かかっているような状態といえばわかりやすいでしょうか。

現実感を失った、生きている感覚そのものが半分失われたような世界にいるわけです。本当の危険に気づかなかったり、気づくのが遅れてケガにつながることもあります。また、子どもが足を何かにぶつけても痛みを感じず、あとになってアザに気づいたりします。本当の危険に気づかなかったり、気づくのが遅れてケガにつながることもあります。また、子どもがお母さんに一緒に喜んでほしい出来事があっても、ぼんやりした反応しかできず、喜びを共有する大切な機会を逃してしまいます。

具体的には、生活のなかで次のようなことがあります。

・夫が怒り始めると、すべての思考が停止して頭が真っ白になる
・夫に何を言われても、身体的暴力を振るわれても、恐怖や痛みを感じなくなった
・どんなにつらくても仕事だけは休まずに行き、職場では明るく振る舞う
・通勤電車やバスを乗り過ごしてしまう
・買った覚えのない物（食品、服、アクセサリー、バッグ、化粧品など）がある
・ぼんやり過ごすことが増えた。いつの間にか時間が過ぎているのに気づく
・暑さ寒さを感じにくい。季節の移り変わりにうとくなった
・家族の祝い事や季節の行事（誕生日、卒業・入学、クリスマス、正月など）を忘れる
・悲しくないのに突然涙が出る

これらのことは、目の前の過酷な状況から一時的にあなたを守っているかもしれませんが、今なすべき決断や行動を先送りにしているばかりか、症状を長引かせることにもなります。早めに適切な治療を受けましょう。

精神科、心療内科へ行ってみよう

モラハラのせいで体や心の不調が続くようでしたら、一度、精神科医（精神科、心療内科、メンタルクリニックなどの医師）に相談されることをお勧めします。

自分なりの対処法がかえってよくない場合もあります。たとえば眠れないからといってお酒を飲んだり、落ち着かないからとついタバコを吸ったりしていると、いつの間にか量が増えてしまいがちです。

お酒を飲むと寝つきはよくなるかもしれませんが、眠りが浅くなり、利尿作用もあるので途中で目が覚めやすくなります。疲れているから栄養ドリンクが手放せないという人もいますが、栄養ドリンクにはカフェインが含まれていることが多く、不眠につながる場合があります。

精神科や心療内科を受診することに抵抗を感じる人は少なくないと思います。夫から「おまえは頭がおかしい」などと言われている場合、精神科に通院していることが夫に知られて「やっぱりおまえはおかしい。精神病の母親に子どもは任せられない」と言われるのではないか、子どもの親権を奪われるのではないかと心配する人もいます。

ですが、夫からの非難を恐れて治療せずに放置すると、症状が悪化する可能性があります。心身の健康のバランスを欠いた状態で、モラハラからの脱出に取り組むのは容易なことではありません。

子どもがいる場合は、子どもの将来がかかっている大切なことです。心に不調があるのなら、ちゃんと治療をして、あなたが本来持っている力――思考力、判断力、将来を予測する力、行動力など――を十分に発揮できるようにしておきましょう。

受診する際は、顔見知りに会いたくないという理由で、自宅や職場の近くを避けたいと思うかもしれませんが、一定期間通うことを考えれば、あまり不便でないところがよいでしょう。男性医師が苦手な人は、事前に女性の精神科医がいるところを調べて受診しましょう。

精神科やメンタルクリニックを受診する際の流れと心構えについて簡単に説明します。

①予約をとる

前もって診察日や診療時間、予約が必要かどうかを調べ、必要なら予約をとります。人気のあるところは、半年待ちなどということも珍しくありません。予約はいらないと言われても、比較的すいている曜日や時間帯を聞いておくと、待ち時間が少なくてすみます。生活保護を受給している場合は、医療券が使える指定医療機関であることを確認しましょう。

②これまでの経緯を簡単なメモにまとめて持参する

精神科医がモラハラやDVに理解がある人ばかりとは限りません。初めて会う医師にこれまで起こったことの数々を短い時間で説明するのは至難の業《わざ》です。現在困っている症状やこれまでの経緯をメモにまとめてみると、自分でも整理しやすくなります。

③初診で聞かれること

他の科と同じように問診票に記入するところが多いです。主訴（受診の理由）、自覚される症状、病歴（精神科含む）、薬物アレルギーの有無などです。病院によっては、診察の前に心理士が三〇分程度の面接（予診）や、簡単な心理テストをする場合もあります。

そのあとに医師の診察です。初診の場合は三〇分～一時間程度、比較的ていねいに話を聞き、二回目以降は診察時間が短くなるところが多いようです。

今いちばん困っていることや、どんな症状が、いつ頃から、どのように、あるいはどんなときに自覚されるのかといったことを聞かれます。モラハラやDV被害があることは、症状と関連していると考えられますので、話せる雰囲気であればなるべく話したほうがよいでしょう。その際は、あまり枝葉末節にこだわらず、簡潔に説明すると伝わりやすいです。

④精神科で処方される薬

精神科の薬に抵抗がある人は、処方される薬の効果と副作用についてきちんと説明してもらいましょう。初めて服用する際、効果を感じられる前に副作用ばかりが気になる場合もありますが、一定期間飲み続けて効果が出てくるタイプの薬もあります。

自己判断で薬を止めてしまったり、量や服用回数を減らしたり（増やしたり）しないで、気になるときは医師に相談しましょう。大切なことですから遠慮せずに何でも相談してください。一度の説明でよくわからない場合は、何度でも聞いてかまいません。

⑤診断書・医療情報提供書・意見書などをもらう

仕事を休んだり、離婚調停や裁判のために診断書などが必要な場合は、医師にどういう目的でいつまでに必要なのかを伝えて依頼しましょう。

カウンセリングを受けてみよう

夫婦間のこと、とくに性的なことがからむと、家族や親しい友人には話しにくいですし、親には心配をかけたくない気持ちも手伝って、洗いざらい話すというわけにはなかなかいかないでしょう。また、親しい関係であればあるほど、相手はよかれと思って「ああすれば、こうすれば……」とアドバイスしてきたり、励ましてきたりして、かえって追いつめられるような気持ちになることもあります。

モラ夫の支配下で、相手の機嫌を優先する生活が続いたせいで、あなたは自分の考えや意見を人に言うことが苦手になっていませんか。

傷ついた心では、人を信じることが難しくなっているかもしれません。あるいは、出来事の記憶が断片的になっていたり、時間軸がうまくつながっていなかったりして、自分に起こったことを順序立てて話すことが難しいと感じるかもしれません。

心が弱っているときは、安心できる場所で、信頼できる人に自分のペースで話をすることが大切です。話の途中でさえぎられたり、意見を押しつけられたりしないところで無理なく話をしていくなかで、自分なりにこれまでの出来事を見つめ直して気持ちの整理をしていくと、それまで気づかなかったことに気づいたり、見えなかったものが見えてきたりします。

初めのうちはモラ夫のことを思い出すのも怖かった人が、自分のペースで話していくうちにだんだん変わっていきます。モラ夫との離婚が成立したときに、ある方がこのように言っていました。

「カウンセリングで話していくうちに、相手がどういう人間かがわかってきました。**自分が普通の人間で、相手が言ってるような頭のおかしい人間じゃないんだって思えたときに、やっと光が見えてきました。**それまではもう死んでしまいたいと思うこともありましたから。自分の症状がわからないままで裁判に立ち向かえたかどうかと考えると、たぶんやられっぱなしで終わりだったと思います。自分のことを振り返って、何があったのかをきちんと確認できて、すごくよかったと思います」

この方は、カウンセリングで話していくうちに、自信を回復していきました。

少しずつ「わたしらしさ」を取り戻すために、カウンセリングを受けてみませんか。

相談料金はまちまちです。自治体の女性相談センターなど無料のところから、一時間数万円というところまであります。基本的に保険はききません。精神科の病院にカウンセラーがいると、診察とカウンセリングが同じところでできるので便利ですが、料金を確認してから利用したほうがよいでしょう。

薬物療法と心理療法、どちらを選ぶ?

一般的に精神科や心療内科では、患者の話を聞いて、不眠があれば睡眠薬、不安が強ければ抗不安薬、抑うつ症状があれば抗うつ薬など、その人が訴える症状を緩和する薬が処方されます。あなたが困っている症状について、いつ頃から自覚し始め、どんなときにどれくらいの強さ(つらさ)でその症状が出るのかなどを、なるべく正確に医師に伝えることが大切です。

初診時に処方された薬が合わなかったり、効かないと感じる場合でも、すぐに病院を変えるのではなく、そのことを処方した医師に伝えて、薬の種類や量を調整してもらい、今のあなたの症状にいちばん合うものを見つけていくのがよいでしょう。

心理療法にはさまざまなものがあり、ＰＴＳＤや恐怖症状に効果がある療法もあります。けれども、定期的に通い、被害について語ったりトラウマをもたらした記憶に向き合うことは、それなりに心理的な負担がかかります。症状や状況によって、無理のない心理療法を選択するのが望ましいでしょう。

混乱してまとまった話ができない状態、被害体験を思い出せない状態、感情が麻痺していて苦痛が感じられない状態では、現実の問題の解決に留意しながら、次に述べる心理教育や、カウンセリングのなかで「言語化」を試みることによってトラウマ治療のための準備を進めていくことをお勧めします。

心理教育というのは、つらい体験の後に起こってくる一般的な反応やＰＴＳＤの症状について、わかりやすく説明することをいいます。自己評価・興味関心・集中力の低下、自責感、感情のコントロールがうまくできずにイライラしたり怒りっぽくなるなどは、**つらい体験をすれば誰にでも起こりうる症状であり、決して〝おかしくなってしまった〟わけ**

ではないことを伝えていきます。

そして、自分の症状を理解し、カウンセリングの目的が明確な状態になったら、認知行動療法やPTSDに特化した療法を適用するなどの選択肢が考えられます。

PTSDやうつ病は周囲から理解されにくいことが多いです。被害を逃れて安全な実家に身をおいても「家事も手伝わず、家でゴロゴロしている」などと家族に言われて居場所がなくなるようでは、安心して治療に専念できません。家族や周囲の親しい人にも症状について理解してもらい、支えになってもらえるような治療環境の整備が必要です（必ずしもそれを期待できるとは限りませんが）。

薬物療法と心理療法を並行して行う場合もありますし、初めは薬を飲みながら症状緩和をはかり、ある程度落ち着いたところで心理療法を導入する場合もあります。

また、授乳中であったり、持病があって他の薬との飲み合わせを考慮する際などは、心理療法のみを選択する場合もあるでしょう。

いずれの方法を選択するのがよいかは、その人の症状やどれくらいの頻度で治療機関に通えるか、かかる費用、自由になる時間がどれくらいあるか、仕事の有無、あなたの世話を必要とする人が家族にいるかどうかなど、一人一人の治療環境によって異なります。医師や心理士などとよく相談して選択することをお勧めします。

よくある質問

Q1　診断書はどこでもらえますか？

診断および診断書の作成は医師が行います。医療機関（精神科、心療内科、メンタルクリニックなど）に受診して診断書が必要な旨を伝えてください。ＰＴＳＤやうつ病にくわしい相談機関であっても、医療機関でなければ、診断したり、診断書を出したりはできません。

Q2　ＰＴＳＤだと思うのですが、病院に行って「診断書をください」と言ったらうさんくさそうに見られて診断書をもらえませんでした。

ＰＴＳＤに限らず、初診ですぐに診断がつくとは限りません。何回か診察してから判断する必要がある場合も少なくありません。また、病院が混んでいて、大勢の人が待っているような状況では、一人だけに時間をとってゆっくり話を聞くことが難しい場合や、その場で診断書その他の書類を書く時間がないこともあります。

診断書が必要な場合は、その目的と、いつ頃までに必要かなども伝えるとよいでしょう。すぐに診断がつかなかったり、診断書が出ない場合があることを想定して、裁判の期日までにどうしても必要な場合などは、早めに受診しましょう。

Q3 病院を変えたいのですが……

引っ越しなどの理由でこれまで通っていた病院に通えなくなるために転院する場合は、主治医に「診療情報提供書」を依頼して、それを紹介先の病院に持参します。そうすれば、新しい医師は、それまでの経緯や前医の所見がわかって、引き継ぎがスムーズになります。セカンドオピニオンを希望する場合も同じです。

話もろくに聞かずに薬だけ出された、医師の心ない言動に傷ついた、診断や治療方針に不満があるなどで病院を変えたい場合は、あまり感情的にならずに事実を説明すれば問題ないでしょう。これまでの症状の経過や処方、自覚される効果や副作用について新しい医師に伝えてください。

Q4 ドクターショッピングは悪いことですか？

短期間に、客観的に見て正当な理由もなく、次々と病院を変えるドクターショッピングは警戒されます。複数の病院で精神科の薬をもらって、インターネットで売却するという事件が起きていますし、ドクターショッピングをする人のなかには、特定の診断名しか受け入れない、医師の（治療に関する）指示に従わないなど、治療者との信頼関係が築きにくい人もいます。

次々に病院を変えるのはお金と時間とエネルギーがかかり、治療が先延ばしになるばかりです。あなたがドクターショッピングをするのはどんな理由からでしょうか。あなたが病院に望むことは何でしょう。もし、もっとていねいに話を聞いてもらいたいなら、多くの精神科は混んでいて病院では一人の患者にかけられる時間が限られていますので、カウンセリングにかかって話をするという方法もあります。もし、薬が合わないということであれば、医師とのコミュニケーションを円滑《えんかつ》にすることを試してみるのも一案かと思います。

4章　子どもたちが心配です

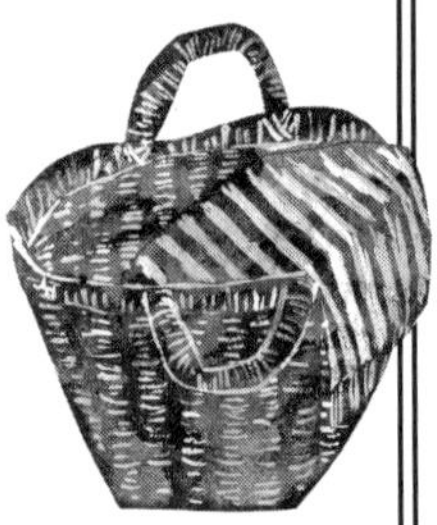

子どもの様子がおかしい

モラハラやDVの相談を受ける際、子どもがいる場合は、子どもの問題が必ずと言っていいほど出てきます。むしろ、子どもの相談を受けて話を聞くうちに、夫婦間のDVやモラハラが背景にあるのがわかることもよくあります。

子どもが健康に育つためには、安全で安心できる家庭環境と母子関係が大切です。しかし、モラハラのある環境では、母親が問題を抱えていっぱいいっぱいになっていることが少なくありません。心のゆとりがない状態だと、愛情があっても十分に気を配って子どもが必要とするケアを与えられないことがありますし、子どもの変化も見過ごされがちです。さらに母親が精神的に追いつめられていれば、それが子どもにも影響することは避けられないでしょう。

子どもが笑わなくなった、しゃべらなくなった、赤ちゃん返りする、夜泣きする、ご飯を食べる量が少なくなった、体重が減っている、夜眠れていないようだ、学校に行きたがらない、成績が下がっている、服装が派手になった、汚れた服を着ている、虫歯ができている、など……年齢によって子どもが抱える問題や深刻度は変わりますが、様子がおかしいと感じたときは、その感覚を大事にしましょう。

早く気づいて話を聞いてあげることで、子どもは大切にされているという感覚を持ちます。また、早く気づけば適切な対処もしやすいのです。

モラ夫と同居していて大丈夫？

モラ夫にもいろいろなタイプがいます。一刻も早く離れたほうがいい、有害なモラ夫がいる一方で、いつもいやな面ばかり見せるわけではないソフトなモラ夫もいます。後者の場合、緊急性は低いかもしれません。

しかし、当然のことですが、子どもは親を見て育ちます。親の言うことはなかなか聞いてくれませんが、親がしていることはよく見ていて、いろいろな場面で真似をしながら育ちます。良くも悪くも親をモデルにするのです。

もちろん、モラ夫には悪いところしかないというわけではありません。たとえば頭がよく、会社では仕事ができ、それなりに社会的な評価を受けているかもしれません。生活費を稼ぎ、経済的な基盤を支えてくれているかもしれません。ときには家族サービスをして楽しいところに連れていってくれたり、いい父親ぶりを発揮するタイプもいます。

しかし、子どもたちは父親のいいところだけを見て育ってはくれません。**外ではいい顔をし、家に帰れば母親を見下し、ばかにして、モノ扱いする、暴言を吐く、突然キレる、人に責任を押しつける、他人を信じない、感謝しない、そういったありのままのモラ夫を見て、学んでいくのです。**同様に、そういう父親の顔色をうかがい態度を変化させる母親も見ています。

子どもがすでに学校に通い始め、友達ができ、今住んでいる地域社会に根づいた暮らしをしている場合は、モラ夫との同居がよくないとわかっていても、家を出るのが難しいと感じるかもしれません。

ですが、考えてみてください。今は難しいと思って先延ばしにしたとして、一年後、二年後、三年後はどうでしょう。子どもたちがそこで暮らす時間が長くなればなるほど、友達は増え、その土地への愛着は深まっていきます。そうなると、家を出るのはますます難しくなってしまうことは容易に想像できます。

その間に、子どもたちやあなたの健康や精神状態は、いっそう悪くなっているかもしれません。

子どものためには経済的な安定が大切?

子どもを育てるにはお金がかかります。近頃はお稽古事や地域のスポーツサークルなど教育や趣味、はたまたお受験の準備にと、子どものいろいろな活動にお金をかける家庭が増えています。

別居して新しい生活を始めるとなると、家を借りれば家賃、子どもの学費、クラブやサークル活動など、生活費のほかにも出費はかさみます。女手一つで子どもを育てながら、今まで通りの生活レベルを維持できるほど高収入の人は少ないでしょう。実家が経済的な支援をしてくれる場合もあるかもしれませんが、今までより狭いところに引っ越し、子どもにも我慢してもらうことが増えるケースが多いのではないでしょうか。そう考えると、ますます家を出る決心が鈍ってしまいます。

ところで、経済的安定を望むのは子どもでしょうか、それともあなたでしょうか。**子どものことを言い訳にしていませんか。**子どもをいちばんに思うのなら、健全な育成に欠かせないもの、大切なものとは何かを、あらためて考えてみませんか。

自分のこととして考えるのが難しい場合は、もしあなたの親友や姉妹、あるいは将来あなたの娘が同じ立場になったとしたら、と考えてみましょう。あなたは、経済的な安定のためにモラ夫のもとに留《とど》まって我慢しつづけるよう、心から勧めるでしょうか。

子どもにとって大切なものがあります。大人の顔色をうかがったりせず子ども時代を子どもらしく無邪気に過ごすこと、安全で安心できる家庭でくつろげること、両親の言い争いや怒鳴り声を聞いて怯《おび》えたりすることなく夜ぐっすり眠ること、大人を信用できること、思いっきり泣いたり笑ったり素直に感情を表現できること、お母さんの自然な笑顔が見られること……ほかにもたくさんあるはずです。

モラ夫と一緒にいれば、経済的な安定が続くのでしょうか。勤め先の経営状態によっては、モラ夫もいつリストラの対象になるかわかりません。病気などで働けない状態になることだってあり得ます。給料やボーナスがこの先ずっと今まで通りに支給されるとは限りません。

一方で、授業料が減免される学校のサポートシステムや奨学金制度、家賃補助など、利用できる支援策はいろいろあります。また、子どもの入学などを機に養育費の変更を申請することも可能です（164ページ、229ページ参照）。

経済的安定も大切ですが、あなたと子どもにとっていちばん大切なことは何か、そのために今、守るべきことは何なのか、もう一度よく考えてみてください。

子どもの愛着障害と発達障害

子どもがなんとなくよその子と違うような気がしても、とくに問題がなければ気に留めないことが多いかもしれません。また、日本では三歳以降に子どもの定期検診がない地域が多いので、知的な遅れが見られない子の抱えている問題は見過ごされがちです。

もし子どもに、落ち着きのなさ、集中力の低さ、情緒の不安定、衝動性、協調性の低さなどが見られた場合は、次のような可能性が考えられることを知っておくとよいでしょう。

一つは「反応性愛着障害」または「愛着障害」と言われる状態です。生まれてからの成育環境、つまり親の養育態度によって愛着関係が健全に育まれなかった結果、さまざまな症状があらわれているケースです。

両親の離婚後、家庭環境や養育者の態度が落ち着き、安全・安心を取り戻すとしだいに子どものそうした特徴が目立たなくなっていくのを何度か見たことがあります。子どもの年齢が低い場合はこの傾向が顕著に見られるように思います。養育環境の変化が子どもの発達や情緒の安定に影響しているのではないかと考えられます。

もう一つの可能性は「発達障害」です。発達の遅れという意味ではなく、脳の認知機能の偏りのために社会不適応を起こす状態をいいます。「自閉性障害」「アスペルガー障害」などを含む「広汎性発達障害」、「注意欠陥／多動性障害（AD／HD）」、「学習障害（LD）」などがあり、その症状と程度はさまざまです。なんらかの脳の器質的要因によって生じると考えられ、先天性（生まれつき）のもので、育て方（しつけの善し悪し）によるものではありません。

DV家庭で親に抑うつがある場合、子どもにAD／HDがあらわれる頻度が四倍であるというアメリカの調査研究があります。私たちの調査でも、精神科を受診してDV相談があった女性の子どもが高い割合で発達障害と診断されたことがわかっており、DVとの因果関係は明らかではないものの、見過ごせない事実です。

ただし愛着障害なのか発達障害なのかを見分けることは難しいため、気になることがあれば小児科、または各都道府県の発達障害者支援センターに相談してください。本人、家族などへの直接支援、情報提供、相談などの支援サービスが利用できます。

いずれの場合も、早期に療育につなげ、環境を整えることで、冒頭で述べたような特徴がしだいに目立たなくなることは十分望めます。

子どもが性的虐待を受けている？

性的虐待というと、子どもに性的な行為をしたり、させたりといったことを思い浮かべる人が多いでしょう。そういった直接的な接触はもちろんですが、セックスを目撃させたり、ポルノ写真や映像の対象にしたり、性的な成長や体や性器などの特徴をからかったりするなどの間接的な行為も性的虐待に含まれます。

モラハラやＤＶのある家庭で、妻が夫と同じ寝室を避けて子どもと一緒に寝ているところに、夫が来てセックスを強要する場合があります。妻は抵抗したくても夫への恐怖心から、あるいはあまり抵抗して子どもが目を覚ますのを恐れて仕方なく応じたとしましょう。理由は何であれ、**子どもに性行為を見せることは虐待に当たります。**子どもは目が覚めても寝ているふりをしています。じっとこらえているのです。

モラ夫は共感性が低く、基本的に自分以外の人を「モノ」だと思い、妻や子どものことも「所有物」だと思う傾向があります。そのため、信じられないかもしれませんが、子どもがモラ夫の性的な欲望のターゲットになることもあり得ます。

もし、**「何かへんだ」「おかしい」と思ったら、注意して観察してみてください。**たとえば、家族で出かけようとするといつもモラ夫が娘と二人で家に残りたがる、娘とお風呂に入るとなかなか出てこない（なかから鍵をかけていることも）、娘がいやがっているのに（ふざけたふりをして）体を触《さわ》ったりキスをしようとするといったことが、不自然に、あるいはひんぱんにあるなどです。モラ夫がこっそり児童ポルノの写真を持っていたり、そういうサイトを見ている形跡があれば論外です。

子どもが被害にあっている可能性があると思ったら（たとえば、父親から体を触られた、あるいは父親の下半身を触らされたと言ってきた、下着が汚れていた、性器がただれていたなど）、子どもをモラ夫から離し、二人きりにならないように注意して、児童相談所などに相談してください。あとで裁判になって相手が親権を主張してきたときのために、なるべく多くの証拠を集めておきましょう。

婦人科の受診が必要な場合は付き添ってください。証拠がない場合でも、子どもが話したことや、子どもの様子など、状況を書いて残しましょう。子どもの年齢にもよりますが、父親が「スキンシップ」とか「仲良くする」などとごまかしたり、「お父さんと子どもは誰でもしている」と言いくるめたり、口止めしている場合もあります。また、被害のことを母親に言うことで、両親が離婚するのではないか、母親を傷つけるのではないかなどと考え、誰にも言えずに一人で悩んでいる場合もあります。

性的虐待の被害について本人が話すときには、なるべく安全で静かなところで聞いて「よく話してくれたね」と受け止めてあげてください。そのような話を母親が抵抗なく受け止めるのはとても難しいことです。母親のほうも大きなショックを受けます。しかし、ショックのあまり「そんなことあるわけないじゃない！」「うそでしょ！」「なに言ってるの、信じられない！」などと否定しないでください。子どもは勇気を出して話していま す。母親から否定されたら、誰に相談できるでしょう。

また、「どうして、いやだって言わなかったの！」「どうして、もっと早く言ってくれなかったの」などとせっかく勇気を出して話した本人を責めたり、子どもにも責任があると思わせるようなことは言わないようにしましょう。本人がそれ以上話したくない様子ならば、詳細を聞くことは無理強いしないほうがよいでしょう。

いちばんしてほしくないのは、見て見ぬふりです。問題がたくさんありすぎて、もうどうしていいかわからない、これ以上自分には何もできない、子どもを連れて家を出る力もない、と思うかもしれません。無力感に襲われ、子どもを助ける勇気が出ないかもしれません。

それでも、子どもが被害にあっているのではないかという疑い、あるいは確信を持った場合は、**迷わず専門機関に相談してください。**子どもが受ける心の傷は計り知れません。少しでも早く困難な環境から脱出させてください。

子どもの年齢が低い場合、そのときは自分に起こっていることを理解できなくても、成長するにしたがって理解する日がきます。一時的に忘れていても、恋人の出現、結婚、子どもの年齢が自身の被害年齢に近づいたことなどをきっかけとして、突然記憶がよみがえることもあるようです。

被害の内容と深刻度にもよりますが、なかには加害者である父親はもちろんのこと、気づいてくれなかった、あるいは気づいていたはずなのに何もしてくれなかった母親に対する不信感や恨みを抱えたまま大人になって、カウンセリングに来るケースもあります。

世代間連鎖ってあるの？

子どもは親の養育態度を見て育ちます。そのため、大人になって自分が子育てをする場面で、親から学んだ態度が無意識に再現されたり、意識的に子どもに伝えられることがあり、これを「世代間連鎖」と言います。この連鎖には、好ましいものもあれば、好ましくないものもあります。

好ましくない連鎖として、DVのある家庭で育ったり、虐待の被害を受けて育った子どもが大人になったときに、自分もまたパートナーや自分の子どもに暴力を振るったり、支配的な態度をとる場合があります（必ずそうなるわけではありません）。

また、問題を抱えたときにアルコールや薬物に依存して逃避する親を見て育った子どもが、大人になって同じような逃避行動を選択することもあります。

もし、あなたの子どもが将来モラ夫のようになってしまうのではないかと心配しているのなら、そうならないためにできることはいくつもあります。

まずは、なるべく早期に子どもをモラ夫から離すほうが、影響は少なくてすむでしょう。あなたがどんなに子どもの父親像として好ましくないと思っていても、子どもの人格形成期にモラ夫と一緒に暮らしていれば、いちばん身近な父親をモデルにするのが自然のなりゆきです。日々モラ夫を見て育ち、その経験を重ねながら成長していきます。

一方で、子どもにとって、実の父親でなくても父親のモデルになり得る人たちがいます。たとえば親身になって相談に乗ってくれる親戚の伯父（叔父）さん、お祖父さん、学校の先生、部活のコーチ、地域に住む人などです。子どもは成長過程でたくさんの人と出会い、関わり、影響を受けて育ちます。なるべく多くの人たちに協力してもらいながら、子育てをしていくのが望ましいと思います。

子どもは日々成長していきます。大切なのは今です。先のことであまり悲観的にならずに、今できることから一つずつ進めていきましょう。

子どもは見ている、聞いている

モラハラ家庭では、母子関係が難しくなる場合もあります。子どもが母親を信頼できなくなるのはどんなときなのか、考えられる状況を挙げてみます。

①父親にはいつも低姿勢で逆らわないのに、子どもには「〜しなさい」と命令口調でうるさい。強い者には下手に出るが、弱い者にはえらそうに命令する。相手によって態度が違う。

②不都合なことがあると、「このことはお父さんには黙ってなさい」と父親に秘密にするように強要する。また、「お母さんも言わないから」と秘密を共有し、共犯にさせる。

③母親が自分のものを買ったとき、友達には「○円で買った」と、楽しそうに自慢していたのに、父親に聞かれるとそれよりもずっと安いうその金額を言う。母親が、父親が気づいていない品物は隠していることを子どもが知っている。

④母親がふだん言っているしつけや教育の基本（ゲームやTVの時間、勉強する時間、食事のマナー、門限など）について、父親が違うことを言ったとき異議をとなえずに黙っていると、父親の言うことを認めたと見なされる。また、そういったことが何度か繰り返されると、子どもはしだいに母親の言うことを聞かなくても平気だと思うようになる。

⑤父親が子どもを攻撃したときに、口出しするとよけい火に油を注ぐことになるからと母親が黙っていると、子どもは「いざというとき自分を守ってくれなかった。助けてくれなかった」と考えるかもしれない。

⑥子どもに父親の悪口を言う。子どもを不満のはけ口にする。

子どもたちは成長とともに、母親のうそや隠しごと、相手によって態度が一定でないことなどに不信感を抱き始めます。そして、母親を（父親が言うように）尊敬に値しない人間だと見なしてしまう場合もあります。

そうなると、正しいメッセージが伝わりにくくなり、母子関係は難しくなります。

プチ・モラ夫の出現?

別居や離婚をして、やっと夫から離れて安心して暮らせると思った矢先、今までおとなしくて手のかからなかった子どもがわがままになったり、攻撃的になって言葉づかいが乱暴になったり、弟や妹をいじめたりと、まるで「プチ・モラ夫」に変身したようで困っているといった相談を受けることがあります。これは子どもが男でも女でも同じです。このような変化の理由として、いくつかの可能性が考えられます。

一つは、子どもたちがモラ夫の前ではわがままなど言える状況ではないと判断して、これまでずっと我慢をしていた可能性です。今は安心してわがままを言えるのでしょう。あるいは、お母さんにかまってもらいたくて気を引こうとしているのかもしれません。

二つめは、両親の離婚や引っ越しや転校など、環境が大きく変化したことで子どもがストレスを感じている可能性です。慣れ親しんだ家や友達との別れ、新しい環境での戸惑いもあるでしょう。子どもの場合、ストレスに対処する方法が大人ほどたくさんありませんから、自分でも感情をうまくコントロールできずに暴言や暴力につながっているのかもしれません。

三つめは、以前から乱暴な言葉づかいやきょうだいいじめをしていたのに、同居中はモラ夫に気を取られて気づいていなかった可能性です。別居して安全で安心できる環境になった結果、いろいろなことが考えられるようになり、子どもの様子が以前より見えてきて、その結果として態度や言葉づかいなどが気になり始めるという場合もあります。

子どもが言うことを聞いてくれず、乱暴だったり攻撃的だったりするのは、母親にとって放置できない問題かもしれません。しかし、子どもの立場からすれば、両親の別居や引っ越し、転校などの環境の変化は大きなストレスに違いありません。変化にうまく対処できずにフラストレーションがたまり、どうしたらよいのかわからない状態なのかもしれません。

しばらくして新しい環境に慣れ、子どもなりに理解ができるようになると、徐々におさまっていく場合もあります。

一方で、この問題に隠れている別の問題が、母親のほうにもあるように思います。それは、子どもの態度や言葉に、モラ夫像を重ねてしまうことです。モラ夫から被害を受けている場面がフラッシュバックしてパニックになったり、過剰に反応して子どもにひどいことを言ってしまったり、夫に対する恐怖心と同じような気持ちを抱く場合があります。このような過剰な反応や恐怖心には、トラウマが影響している可能性があります。そして、あなたがうっかり「お父さんにそっくり！」などと言ったりすると、子どもはさらに傷ついてしまいます。まずは、それに気づくことが大切です。

子どもを怒らせないようにと、モラ夫にしていたように顔色をうかがってご機嫌をとったりするのではなく、**夫と子どもをしっかりと区別し、子どもの年齢にふさわしい養育態度をとる必要があります。**また、ひどいことを言ってしまったと自分を責め、ますます自信を失くしてしまうことも、この状況ではあまりよいことではありません。悪循環になるばかりです。

一人でたくさんの問題を抱えて、今は大変なときです。別居して、子どもたちが安心して生活できるようになったのは、あなたの勇気ある決断と行動力の結果です。大変さは変わらないように感じられても、状況は確実に前進しています。子どもたちも日々成長しています。これからは子どもの年齢に応じて、できることは自分でやってもらうようにするのも一案です。以前は母親を守れなかったことで自分を「役に立たない」と責めていた子どもが、母親から頼りにされたと感じると、意外と協力的になってくれることもあります。

子育てで迷ったときは一人で解決しようとせず、親戚や学校の先生、スクールカウンセラー、スポーツクラブや部活のコーチ、相談機関に相談するなどして、できるだけたくさんの大人と連携しながら解決するのが望ましいでしょう。

傷ついた子どもの心のケア

モラ夫と離れた後、子どもが元気そうだったり、おとなしく手がかからない場合でも、注意が必要です。多くの子どもが、両親間のDVを見聞きしたり、気配を感じて知っています。お母さんが泣いているのを見たり、こっそり電話で話していることを聞いたりしています。しかし誰にも言えずに苦しい思いをしています。傷ついた子どもの心のケアをするのは、将来にわたるダメージを最小限に防ぎ、子どもが持っている豊かな可能性を育てる意味で重要なことです。

モラ夫から逃れた後、母親は自分自身の心身の健康の回復途上で、母親としての能力も回復させ、また新たな環境で生活を再建していかなければなりません。しかし、モラハラ被害にあった母親は、これまで述べてきたように、メンタルヘルスの問題、自尊心の低下、健康問題、経済的問題、就労問題などを同時に抱えているために、いっぱいいっぱいになっているのが普通です。子どもに対する愛情があっても十分に目を配れないことが珍しくありません。それは無理もないことです。このような状況下で、新しい環境での生活再建をするのは容易ではないでしょう。

近年、ＤＶ被害にあった母親と子どもを対象にした心理ケアプログラムが、日本でも専門家や被害者支援グループによって進められています。親子相互作用療法はその一つで、親子関係の質を向上させることを目的に米国で考案・開発されたプログラムです。

ほかにも母子関係を援助するプログラムや、相談できる場所が、都市部に限らずあるようです。しかし、対象となる子どもの年齢が比較的低いのが特徴です。小学校高学年になると、親が誘っても子ども自身が行きたがらなくなる場合も多いようです。

できることなら、子どもが小さく、適切な支援が効果を発揮できるうちに、そしてあなたに判断力があるうちに、いったん、モラ夫から離れることをお勧めします。

column

モラ夫が子どもに執着するわけ

妊娠中から妻の体を気づかうこともなく、子どもが生まれても、子どもの機嫌がいいときだけ相手をして、泣き出すと妻に交代。ウンチのオムツは必ず妻に交換させる。

モラ夫なりにかわいがっているつもりでも、子どものためというよりは自分の興味関心のあるところに子どもを連れていくといった、自己中心的な行動は変わりません。

妻から見ると、それほど子どもを大事にしているとは思えないのですが、それでもいざ離婚となると、子どもの親権をなかなか妻に渡さなかったり、ひんぱんな面会を要求してくるモラ夫が珍しくありません。そのために、離婚調停や裁判で、妻の育児能力や家事能力を徹底的に批判するなど、家庭から裁判所に場を移してモラハラが再演されます。

単純に子どもと別れるのがさびしい、手放したくないということもあるのでしょうが、モラ夫らしいのは、複数の子どもがいる場合に、**自分の言うことを聞く素直な子どもや、男児だけを選んで引き取ろうとする**ことです。前者はモラ夫が操作しやすいからで、後者はモラ夫の実家が後継ぎを手放したくないと言っている場合が考えられます。

これは、きょうだいを離れ離れにしたくない、貧しくても同じ環境で育てたい、と考える常識的な妻にとっては理解に苦しむことです。モラ夫の両親が後ろで操っている場合、妻を精神病だの母親として失格だのといった文言を並べたてたりして少々厄介ですが、心配しないでください。そんな勝手な言い分が通るなど、あってはならないことです。あなたが母親として子どもたちを手放したくないと思うなら、あきらめずに自分の気持ちを主張してください。

モラ夫が子どもに執着するもう一つの理由は、交渉の切り札として使うためです。初めに親権や面会権を要求しておいて、妻側に慰謝料や養育費などの金銭的な要求を譲歩させるときに、そのかわりに夫側も親権をあきらめてもいい、といったように、交渉のカードとして利用するのです。

「絶対に子どもは渡さない」と一歩も引かない構えだったモラ夫が、あるときあっさりと「親権にはこだわらない」などと言い出して拍子抜けすることがあります。

自分の損得のためには子どもも利用するという徹底した態度は、別れる妻に一銭も渡したくないケチなモラ夫の常套手段です。

（本田）

第2部

モラル・ハラスメントからの脱出

【法的サポート編】

【 モラハラから脱出するまで 】

別居や離婚という「モラハラ脱出」までの流れをまとめました。
どんな道のりをたどるかは、人によって違います

モラハラに気づいたら、まず相談

【行政の相談窓口】
（配偶者暴力相談支援センターなど）
→111ページ

【民間サポート団体】
→115ページ

【警察】
→114ページ

別居の準備

【脱出先の確保】

【持ち出し荷物の準備】
→133ページ

【子どもの転校手続き】

別居

【自治体への申し出】
- 住民票の閲覧制限など
→147ページ

離婚の準備

【法律相談】
- 法律事務所へ
→116ページ
- 法テラスへ
→126ページ

【モラハラの証拠集め】
→137ページ、142ページ

【家庭裁判所へ離婚調停申立て】
→117ページ、173ページ

離婚

脱出完了

【 離婚調停・離婚裁判の流れ 】

話し合いで離婚に至らない場合は、調停、そして裁判になります。
双方の合意が得られた段階または離婚判決確定時に、離婚が成立します

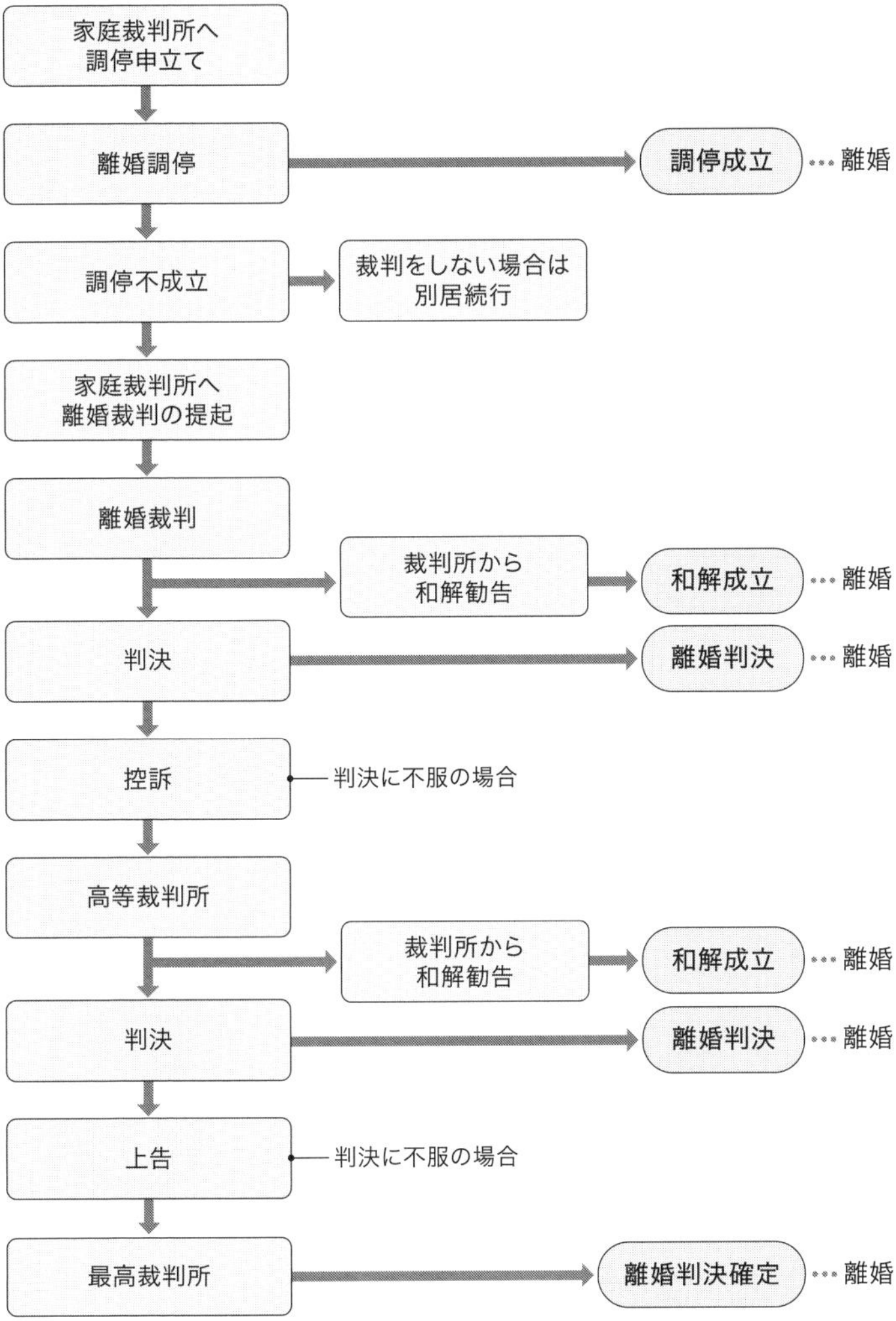

5章 脱出をサポートしてくれる人たち

すべては別居から始まる

第1部をお読みいただき、自分のためにも子どものためにも、モラ夫との生活から少しでも早く脱出することが望ましいということはわかっていただけたと思います。

モラ夫と法的に縁を切るには、離婚するしかありません。しかし、相手を支配したがるモラ夫が、妻からの申し出に応じて簡単に離婚することはめったにありません。つまり、協議離婚ができないため、離婚するには調停や裁判といった法的手続きをとる必要が出てきます。法的手続きをとるにしても、相手が相手なので、離婚に至るまではけっこうな時間がかかります。

また、同居したまま調停や裁判をするのは、モラ夫の怒りを毎日もろに受けることになりますので、とてもお勧めできません。さらに、同居したまま離婚裁判をしても、裁判所は離婚を認めてくれません。裁判所は大原則として、「別居＝婚姻の破綻→離婚容認」という判断をするからです（破綻主義）。別居の事実がない場合は、裁判所が破綻を認めず、敗訴してしまいます。別居期間が長ければ長いほど、離婚は認められやすくなります。

そんなわけで、**離婚したいと思ったら、何よりも真っ先に別居することが必要**となるわけです。

この本を読んで、夫がじつはモラ夫だとわかった、モラ夫が変わる見込みも薄いことがわかった、でもすぐに離婚という気持ちにはならない、という方もいることでしょう。離婚するかしないかは、別居して、気持ちの整理をつけてからじっくり考えてもよいと思います。そのうえで、離婚せず別居生活を続けるという選択もあると思います。将来を考えるためにも、**まず必要なのは、モラ夫と距離をおくことです。**

もちろん、別居は一大決心を要することですし、大変なエネルギーも要します。でも、あえて言います。

「モラ夫とは、別居しましょう」

別居するには自分が出るしかない

別居したくても頼れる実家はないし、引っ越す費用はないし、夫に出ていってほしいと言う方もいます。なかには、「この家は私が親から相続した私の家。夫こそ出ていくべきだ」と言う方もいます。まったくもっともな話です。

でも残念なことに、モラ夫に理屈は通りません。モラ夫に出ていくよう説得することもできません。夫婦である限り、モラ夫を強制的に追い出せる法律もありません。

離婚のためには、とにかくあなたがいったんは家を出るほかありません。離婚さえ成立すれば、親が残してくれたわが家に戻って来られる可能性は十分あります。

明日のために、まずは家を出ましょう。

どこへ行けば相談できる?

そうは言っても、そう簡単に決断できない、と言う方もいるでしょう。

ここで、モラハラ被害を相談できる場所について、ひと通りご紹介しておきます。相談先としては、行政の相談所などの公的機関と民間のサポート団体があります。

まず、もっとも手近なところは、無料相談をおこなっている行政の相談所です。どこに相談に行けばいいかわからないときには、「**ＤＶ相談ナビ（全国共通の電話番号・＃８００８）**」に電話をすると、発信場所の最寄りの相談所に電話を自動転送してくれます（巻末資料参照）。

公的機関は一定のルールにのっとって対応をおこなうため、それぞれ事情が違う人たちの希望にそってきめ細かく動くことが難しい場合があります。ケースバイケースという対応に制限があるのが難点です。必死で行政の窓口に行って話をしても「ここでは何もできません」と帰されることもありますが、一ヵ所であきらめず、民間サポート団体に相談するなど、あらゆる手段をつくしましょう。

また、公的機関の対応に不満がある場合は、ＤＶ防止法により、不適切な対応をした当該機関に苦情を申し出ることが認められています。

●行政の相談窓口

配偶者暴力相談支援センター（以下、支援センター）はＤＶ防止法にもとづいて設置された相談窓口で、ここがDV被害者支援の本拠地になります。

各都道府県は、必ず一ヵ所以上支援センターを設置しており、ほかに市区町村が独自に設置している支援センターもあります。なかには、「配偶者暴力相談支援センター」という名称ではなく、男女共同参画センターや子ども家庭相談センターといった機関が支援センターの機能を持っている場合もありますので、自治体に確認してみてください。巻末資料に、全国のおもなDV相談窓口のリストをまとめてあります。

支援センターでは、相談やカウンセリング、被害者および同伴者の緊急時における安全の確保と一時保護をおこなっています。また、保護命令制度（120ページ参照）や被害者を保護する施設（シェルター）の利用、自立して生活することについて、情報提供と援助をしてくれます。

支援センターでは「配偶者からの暴力の被害者に係る証明書」（**DV相談証明書**）の交付をおこなっており、この証明書があると、全国の自治体や関係機関での住民票の閲覧制限や、新しい健康保険への加入手続きなど、自立に必要な支援を利用できます。

ただ、外から見える傷のないモラハラの場合、この「DV相談証明書」を発行してもらうことがけっこう難しく、発行されるかどうかは各支援センターの判断となります。

また、シェルターへの一時保護は、電話で支援センターに依頼できます。大都市圏ではモラハラ被害者のシェルター入所はごく普通に行われていますが、一部の地域ではまだモラハラに対する意識が低く、「精神的ＤＶの被害者はシェルターを利用できない」と言われる場合もあります。入所の際は相談員との面談がありますので、必ずしも希望が通るとは限りません。録音や日記、診断書などモラハラの証拠となるものをできるだけ用意しましょう。

支援センターのほかにも、各自治体にはＤＶ相談窓口が設置されています。名称はさまざまですので、問い合わせてみてください。自治体によってＤＶ被害者への支援内容には差があります。あなたが想像していたことと違う場合もあるかもしれませんが、どんな支援が受けられるかをしっかりと把握して、利用できるものを最大限に活用しましょう。自治体によっては無料のカウンセリングや法律相談などをおこなっています。

支援センターや自治体の相談窓口の相談員は、経験豊富な人もいれば知識も経験も乏《とぼ》しい人もいるといった具合に、かなりばらつきがあります。なかには「あなたにも悪いところがあるのでは？」とか「みんな我慢しているんだから」といった、二次被害を招く発言を安易にする相談員もいますが、もし、そういう人にあたってしまっても、落ち込むことなく、落ち着いて対処してください。

ただ、相談者のほうにも、まれに「私は被害者なんだから支援してもらって当然」とばかりに威圧的な態度をとる人がいますが、それでは相談員と信頼関係を築くことができません。へりくだる必要はありませんが、真摯《しんし》な態度で相談に臨みましょう。

●警察

ＤＶ相談を受け付ける場所は「生活安全課」です。交番ではなく警察署に出向いて被害の状況を届けてください。

モラハラの場合は外傷がありませんので被害届を出すことにはなりませんが、加害者の恫喝《どうかつ》、恐喝や、今後身体的暴力を振るわれるのではないかという恐怖心をあおるような言動があれば、ＤＶ防止法第８条により、警察の保護などを受けることができます。警察なんて大げさな、と考えず、頼れるところは頼りましょう。

また、警察署には相談したという記録を必ず残してもらい、担当警察官には「法的手続きを検討中です」と告げておくとよいでしょう。モラハラは外傷がないために軽く扱われることがあるので、夫婦げんかとして放置されるのを防ぐためです。

なお「ＤＶ相談証明書」は警察署でも発行してもらえます。ただ、警察署によって対応には差があります。

●民間サポート団体

民間のグループには、ＤＶ防止法ができる前から被害者支援をおこなってきた団体もあります。多くはボランティアで、熱意と努力によって運営されています。ＤＶ防止法が成立したのも、民間サポート団体の働きかけがあってこそでした。

支援の内容は団体によって異なりますが、おもなものは相談や自助グループ・シェルターの運営、被害者が病院や裁判所に行くときの付き添い（アドボケイト）、講演会や研修会の企画などです。とくにアドボケイトは、何もかも初めてで心細い被害者にとって大きな助けになります。

公的機関との大きな違いは、規則や前例にとらわれることなく、自由に敏速に動けるところです。民間の場合、ＤＶにくわしい医療機関や弁護士と連携しながらサポートしたり、行政と連携をとっている団体があり、相談から行政の福祉サービスまで、切れ目なく支援を受けられることもあります。

サポートをしている人たちは元被害者だった人も多く、心の通った支援を受けることができます。ただ地域差はあり、サポート団体が一つしかない地域もあります。また、サポート態勢が一定しておらず振り回されてしまうこともあるようですが、行政と違って苦情を申し立てる場所がありません。まずは評判を聞いてから、少しずつ接触してみてください。

どの機関にもいえることですが、身体的暴力の被害者が優先で、モラハラ被害者は後回しとはっきり言われることがよくありますし、なかには相談すら受けられない場合もあります。

それでも、あなたの新しい人生へ踏み出す第一歩です。また、モラハラを多くの人に理解してもらうチャンスでもあります。利用できるものは有効活用し、決してあきらめることなく、ねばり強く行動しましょう。

弁護士には何を頼めるの？

とにかく一度、法律相談を受けてみるのも手です。

離婚するしないはともかく、まずは法的にどんな選択肢があるのか、情報を仕入れることができます。そのうえで離婚を選んだ場合、弁護士のアドバイスはこうなります。

「まず別居してください。別居のスケジュールが具体的になったところで、もう一度相談に来てください」

別居がどれほど重要かはすでに述べた通りですが、肝心の別居の方法は弁護士には決められません。親、きょうだい、友人宅に身を寄せたり、自力でアパートを借りたり、支援センターなどにシェルターを紹介してもらったりと、自分で解決するほかありません。ただ、別居さえできれば、あとは離婚成立まで、全面的に弁護士のサポートを受けることができます。

弁護士には、具体的に次のようなことを依頼できます。

①モラ夫との連絡・交渉

モラ夫は妻が出ていったことを知ると、直ちに妻の実家に怒鳴りこんだり、妻の友人知人に片っ端からメールするなどして探し回ることがあります。このような事態にならないよう、別居と同時に弁護士がモラ夫に受任通知を出し、今後の連絡はすべて弁護士宛にするよう申し入れることができます。

こうすることで、以後、弁護士が窓口あるいは妻の盾《たて》となるわけです。その後は妻も、その親も、モラ夫と直接交渉したり、顔を合わせる必要がなくなります。

②離婚調停

弁護士は妻の代理人として、モラ夫と協議離婚に向けて交渉することもできます。しかし、モラ夫が直ちに離婚に応じることはめったになく、交渉するだけ時間の無駄になってしまうのが通常です。

そこで、交渉なしで受任後直ちに家庭裁判所に離婚調停を申し立てることがしばしばです。この調停を、家裁では「夫婦関係調整調停」と呼んでいます。この調停では、離婚、子の親権、養育費、財産分与、慰謝料、年金分割を請求することができます。

弁護士には、調停申立書の作成・提出、調停期日出頭のほか、裁判所でのモラ夫との鉢合わせ防止のための配慮などをしてもらうことができます（調停については6章でくわしく述べます）。

③ 離婚裁判

調停は家庭裁判所でおこなう当事者間の話し合いです。調停委員が間に入ってはくれますが、相手がモラ夫の場合は話し合いにならず、調停が不成立になってしまうことがよくあります。不成立になると、弁護士に依頼して家庭裁判所に「離婚裁判」を提起することができます。離婚裁判は調停が成立しなかったときに初めて提起できるものです（調停前置主義）。

弁護士には家庭裁判所での裁判の後、高等裁判所でおこなわれる控訴審、最高裁判所でおこなわれる上告審も依頼することができます。

④婚姻費用分担請求調停

モラ夫は一般に金銭にうるさく、生活費も十分に渡さないことがよくありますが、妻が家を出ると「勝手に出ていった」と妻を責めたて、生活費をいっさい渡さなくなることがあります。このような場合は、弁護士に頼んで家庭裁判所に「婚姻費用分担請求調停」を申し立てることができます（婚姻費用とは生活費のことです）。

⑤子どもの引き渡し請求審判・子どもの監護者指定審判およびその保全処分

妻が子どもを連れて別居したあと、夫がむりやり子どもを連れ戻してしまうことがあります。このような場合に、子どもの引き渡しや子どもの監護者になることを求めて、家庭裁判所に審判（裁判所の判断）を申し立てることができます。緊急を要するときは保全処分といって、短期間で仮の判断を出してもらうこともできます。

⑥不動産の保全処分

妻が別居したあと、夫が自宅を勝手に売却して、その利益を隠したり使い切ってしまうことがあります。そうなると、将来、慰謝料や財産分与を認める判決が出ても、夫は財産がないと言い張ってまったく支払わない危険性が出てきます。このような危険性がある場合は、裁判を始める前に、保全処分として裁判所に不動産の処分禁止の仮処分や仮差押命令を出してもらうことができます。

⑦子どもとの面会交流調停

妻が子どもを連れて別居した場合、夫から子どもに会いたいという調停の申立てがなされる場合があります。裁判所は子どもの福祉のために原則として子どもの面会交流を認める方針をとっていますので、相手がモラ夫で妻が連絡を取り合うことに恐怖心を持っている場合、調停でどう対応するかは非常に難しい問題となります。まずは弁護士に恐怖心を十分に理解してもらって、それを裁判所に代弁してもらうことが重要となります。

⑧保護命令

モラ夫のなかには、モラル・ハラスメントにとどまらず、身体的暴力を振るう人もいます。また、殺してやるなどと脅迫する人もいます。妻に暴行や脅迫をし、別居後も追いかけてきて暴行する恐れがある場合は、ＤＶ防止法にもとづき、地方裁判所に「保護命令」を出してもらうことができます。

保護命令には次のようなものがあります。

接近禁止命令………六ヵ月間。あわせて子や親族などへの接近禁止も申し立てられる。
退去命令……………最長二ヵ月間。荷物を持ち出す間、夫を家から追い出すことができる。
電話等禁止命令……接近禁止命令の期間中、妻への電話やメールその他の禁止。

ただ、身体的暴力や命にかかわる脅迫がない場合には、保護命令は出してもらえません。その場合は、民事保全法にもとづき、地方裁判所に接近禁止等の仮処分の申立てをすることもできます。

その他、決められた婚姻費用（生活費）や養育費が支払われないときの強制執行や、養育費の増額請求調停など、弁護士に頼める法的手続きはまだまだあります。

まずは今どういう状況にあるか、今後どうしていきたいか、率直に弁護士に話してください。弁護士は状況と希望に応じて、必要かつ適切な法的手続きを説明してくれます。そのうえで、どの手続きをとるかを決めることになります。

わかる弁護士の探し方

弁護士には法的手続きは何でも頼める、モラ夫からの攻撃の盾にもなってもらえるということはおわかりいただけたと思います。では、どの弁護士に頼んでも大丈夫かというと、なかなかそうはいきません。

モラハラを原因とする離婚は、一般に客観的証拠が少ないうえに、被害者の精神的苦痛が他人には理解されにくいという特徴があります。そのため、モラハラによる離婚を扱った経験が少ない弁護士に相談すると、「証拠がないから裁判所は離婚を認めないだろう」とか、「離婚すると経済的に苦しくなるから、今のままで我慢したらどうか」などと、被害者をますます追いつめる発言をする例がしばしば報告されています。

ようやく勇気を出して踏み出そうとしている矢先に、弁護士からこのように言われてしまうと、そのショックは相当なものです。

ですから、まずはモラハラがわかる弁護士を探しましょう。「わかる」とは、つまり、**モラハラ離婚について十分経験を積んでいるということです。**

身近なところでは、自治体が実施している法律相談があります。離婚やＤＶ問題にくわしい地元の弁護士に依頼して、月一〜二回、女性を対象とする法律相談を実施している自治体が増えていますので、まずは住んでいる自治体に問い合わせてみてください。もし、そのような専門相談窓口がなくても、自治体の男女共同参画センターや女性のための一般相談で、弁護士の探し方をアドバイスしてくれることがあります。

都道府県の各弁護士会に、ＤＶ・モラハラ専門の法律相談を実施していないか問い合わせるという方法もあります（巻末資料参照）。たとえば筆者が所属する東京三弁護士会多摩支部にはDV法律相談があり、DVやモラハラにくわしい弁護士を電話で紹介してもらうことができます。

その他、各地で草の根的に活動しているDVやモラハラ被害者のための自助グループ、サポート団体に参加しますと、スタッフや参加者から弁護士の情報を得ることができます。市民団体が実施しているDVやモラハラ被害者のための電話相談やウェブサイトでも、わかる弁護士の探し方をアドバイスしてもらえます。

こうして相談を受けてくれる弁護士が見つかったら、その弁護士がモラハラについて理解しているかどうかを見分ける必要があります。

まずは率直に聞いてみてください。遠慮はいりません。聞くのが怖いような雰囲気であれば、その弁護士は向いていないということです。依頼する弁護士には、何でも気持ちを打ち明けることができる、自分の心情を十分にわかってもらえることが大前提です。

弁護士がモラハラについてかなりの知識を持っていたとしても、「直ちに離婚すべきです」「その程度のことは我慢しなさい」など、指示的な発言が多い場合は要注意です。これはモラハラの本質が支配服従関係であると理解していないことを示しています。モラハラでつらい思いをしている相談者に、支配的な言葉を使うのは問題です。

結局**「わかる弁護士」の見きわめポイントとは、相談者の心情を理解し、状況を把握し**

たうえで、法的手続きと今後の見通しについて十分な説明をし、はっきりした選択肢を提示できること、迷う相談者の自主的な選択を待ち、それを尊重してくれること、に尽きると思います。

弁護士費用はどれくらいかかる？

弁護士に頼みたくても費用が高そう……と二の足を踏む方も多いと思います。かつては弁護士費用については日本弁護士連合会が全国共通の報酬基準を定め、これをもとに都道府県にある各弁護士会が地域に見合った報酬基準を定めていましたが、今は自由化され、金額は個々の弁護士が自由に決めていいことになっています。

とはいえ、多くの弁護士は、かつての報酬基準を参考にして金額を決めているようですので、ここではかつての日弁連報酬基準のうち、離婚に関連する部分をご紹介します（次ページ）。

着手金とは、弁護士と委任契約を締結したときに支払う費用で、報酬金とは、事件が終了したとき、その成功の度合いに応じて支払う費用のことです。

この旧基準を参考に、一般的に法律相談は三〇分五〇〇〇円、離婚調停事件は着手金が

【旧「日本弁護士連合会報酬基準」の抜粋】

事件等		報酬の種類	弁護士報酬の額
法律相談		初回市民法律相談料	30分ごとに5000円から1万円の範囲内の一定額
		一般法律相談料	30分ごとに5000円以上2万5000円以下
民事事件	1 訴訟事件（手形・小切手訴訟事件を除く）・非訟事件・家事審判事件・行政事件・仲裁事件	着手金	事件の経済的な利益の額が 300万円以下：8％ 300万円を超え3000万円以下：5％+9万円 3000万円を超え3億円以下：3％+69万円 3億円を超える：2％+369万円 ※着手金の最低額は10万円
		報酬金	事件の経済的な利益の額が 300万円以下：16％ 300万円を超え3000万円以下：10％+18万円 3000万円を超え3億円以下：6％+138万円 3億円を超える：4％+738万円
	2 調停事件及び示談交渉事件	着手金 報酬金	1に準ずる。ただし2／3に減額できる ※示談交渉から調停、示談交渉又は調停から訴訟その他の事件を受任するときの着手金は、1の額の1／2 ※着手金の最低額は10万円
	6 離婚事件　調停事件 交渉事件	着手金 報酬金	それぞれ20万円から50万円の範囲内の額 ※離婚交渉から離婚調停を受任する時の着手金は、上記の額の1／2 ※財産分与、慰謝料等の請求は、上記とは別に、1又は2による ※上記の額は、依頼者の経済的資力、事案の複雑さ及び事件処理に要する手数の繁簡等を考慮し増減額できる
	6 離婚事件　訴訟事件	着手金 報酬金	それぞれ30万円から60万円の範囲内の額 ※離婚調停から離婚訴訟を受任する時の着手金は、上記の額の1/2 ※財産分与、慰謝料等の請求は、上記とは別に、1又は2による ※上記の額は、依頼者の経済的資力、事案の複雑さ及び事件処理に要する手数の繁簡等を考慮し増減額できる

二〇万〜四〇万円程度、報酬金は着手金と同額または相手から金銭の支払いを受けた場合にはその一〇パーセント程度と決める例が多いようです。これらの費用は事件ごとに決めるのが原則で、たとえば離婚裁判のほかに夫からの面会交流調停事件も依頼すると、別料金がかかることになります。

弁護士に相談するときは、遠慮せずに依頼したときの着手金と報酬金を確認してください。弁護士は必ず明確に説明しますし、ちゃんと説明しないような弁護士には依頼しないほうがよいと思います。

なお、各弁護士会が運営する法律相談センターには、決められた報酬基準があり、センターを通して受任した弁護士はこの基準を守らなくてはなりません。センターは各弁護士が基準を遵守しているかどうかの審査もしていますので、その点、安心して利用できます。

法テラスの使い方

弁護士に頼みたくても、今はお金がないという方には、「法テラス」の利用をお勧めします。法テラスとは、資力のない方の法的支援をおこなう公的な機関で、正式名称は「日本司法支援センター」と言います。

法テラスでは、まず、資力基準（128ページ参照）を満たしていることを条件に、一案件につき三回まで無料で法律相談を受けることができます。この結果、勝訴の見込みがないとは言えないこと、訴えが民事法律扶助の趣旨に適している（報復目的や権利濫用などではない）ことという二つの要件を満たしていると判断されれば、弁護士や司法書士の費用の立替制度（代理援助・書類作成援助）を利用することができます。

法テラスでの無料相談は一案件三回までですが、毎回弁護士が違うのが通常です。法テラスで一つの案件につき二回以上相談して、担当弁護士が二人以上いる場合は、その件の受任を承諾した弁護士のなかから一人を斡旋《あっせん》することにしています。その際、相談者の希望は聞かれませんが、これはと思う弁護士がいれば、法テラスに頼んでみてください。その弁護士が事件受任を承諾すれば、法テラスはその弁護士を斡旋してくれます。

また、法テラス以外で見つけた弁護士でも、その弁護士が法テラスと提携していて、依頼の件につき法テラス利用を承諾した場合は、その弁護士が法テラスに持ち込み手続きをすることで、法テラスはその弁護士を選任し、法テラス基準で弁護士費用を立て替えてくれます。ですから弁護士に法テラスと提携しているか、遠慮なく聞いてみてください。

援助開始が決まったら、実費や弁護士に支払う着手金を法テラスが立て替え、申込者は

【法テラスで無料法律相談を受けるための資力基準】

◎資力基準は、収入要件と資産要件を満たしているかどうかで判断します。

収入要件

申込者の手取り月収額（賞与を含む）が下の表の範囲内であること。配偶者の収入は含めず、同居家族の収入は、家計の貢献の範囲で加算します（夫婦間事件の場合）。

同居家族の人数	資産合計額の基準 注1	家賃又は住宅ローンを負担している場合に加算できる限度額 注2
1人	182,000円以下 （200,200円以下）	41,000円以下 （53,000円以下）
2人	251,000円以下 （276,100円以下）	53,000円以下 （68,000円以下）
3人	272,000円以下 （299,200円以下）	66,000円以下 （85,000円以下）
4人	299,000円以下 （328,900円以下）	71,000円以下 （92,000円以下）

注1：東京、大阪など生活保護一級地の場合、（　）内の基準を適用します。以下、同居家族が1名増加する毎に基準額に30,000円（33,000円）を加算します。

注2：申込者が、家賃又は住宅ローンを負担している場合、基準表の額を限度に、負担額を基準に加算できます。居住地が東京都特別区の場合、（　）内の基準を適用します。

資産要件

申込者の保有する現金および預貯金が下の表の範囲内であること。配偶者の資産は含めません（夫婦間事件の場合）。

同居家族の人数	現金・預貯金合計額の基準 注3
1人	180万円以下
2人	250万円以下
3人	270万円以下
4人以上	300万円以下

注3：3ヵ月以内に医療費、教育費などの出費がある場合は相当額が控除されます。

毎月五〇〇〇～一万円ずつ返済することになります。ただし、事情によっては、月々の支払額を増減したり、事件が終わるまで返済を猶予《ゆうよ》してもらうこともできます。

とくに生活保護を受けている場合は、原則として事件が終わるまで返済が猶予されます。さらに、事件終了時にも生活保護を受けており、夫から多額の金銭支払いがなかった場合などは、立替費用の返済がすべて免除されることもあります。

法テラス利用の場合の弁護士費用は、一般より低額で、離婚調停の場合は実費二万円、着手金八万四〇〇〇～一二万六〇〇〇円です。離婚裁判の場合は実費三万五〇〇〇円、着手金標準額は二二万五〇〇〇円です。

報酬金は、調停でも裁判でも、相手から金銭給付があればその一〇パーセント程度、給付がない場合の報酬金標準額は八万四〇〇〇円となります。

ただし、事情によって増減しますので、事前に十分説明を受けてください。

なお、法テラスで斡旋してもらった弁護士にモラハラについての知識がなく、二次被害を受けたりした場合は、法テラスに弁護士の交替を申し入れてみてください。法テラスが正当な理由があると認め、後任弁護士のめどがついている場合は、交替が可能になることがあります。

弁護士に頼む？　自力で乗り切る？

弁護士を頼む頼まないはもちろん自由です。また、どの段階で頼むかも自由です。離婚の調停申立書には定型書式があり、ほとんどレ点をつけるだけで自分で簡単に作成できます。調停が始まってからも、裁判所は申立人の不安に配慮し、夫と鉢合わせをしないよう気をつかってくれます。ですから弁護士をつけずに調停をする方はけっこういます。

裁判となりますと、訴状などの書面作成は若干難しくなりますが、それでも勉強して弁護士なしで裁判をする方もいます。

相手に対する恐怖心が大きいうえに、法的争点が多かったり難しかったりする場合は、初めから弁護士をつけてサポートを受けたほうが断然有利です。一方、別居期間が相当経過して精神的に回復しており、争点もあまりなければ、自力での解決も十分可能だと思います。

まずは法律相談を受けて、調停や裁判の実情や、争点についての見通しを聞いてみてください。そうすれば、初めから弁護士に頼んだほうがいいか、それとも自力でできそうか、判断できると思います。

column

専門家を賢く使い分けよう

精神科医、弁護士、カウンセラーには、それぞれの専門性と役割があります。

ところが、モラハラの相談を受けるなかで、「精神科医が話を聞いてくれない」とか、「弁護士が気持ちをわかってくれない」などの不満を聞くことがあります。

つらい状況をわかってほしいと思ったり、思い浮かんだ質問を目の前にいる人にぶつけるのは私たちがふだんしていることですが、相手の専門性を考えずにやってしまうと、時間とお金の無駄になります。

精神科医は、初診では比較的時間をとって話を聞きますが、通常の診察時間は五～一五分程度が多いようです。毎回ゆっくり話を聞いていたら、一日に診察できるのはせいぜい一〇人程度になってしまいます。話を聞きたくても難しいのが現実です。話を聞いてくれる精神科医にめぐり逢えたらラッキーだと思ったほうがいいくらいです。お困りの症状や薬についての相談は、遠慮なく精神科医にしてください。それ以外の一般的なご相談や気持ちの整理は、カウンセリングを利用するのがよいでしょう。

悩みを人に話すのは、むしろ勇気が必要な場合もあるかもしれませんが、カウンセリングで自分のことを話し、一緒に考えていくことで、見過ごしていた解決の糸口を発見したり、他の選択肢に気づくことがあります。

カウンセリングは、占いなどと違って、アドバイスや指示をされたり、答えを出してもらったりするものではありません。その人が持っている力を引き出して問題解決の方向に導いたり、気持ちや考え方を整理していくお手伝いをします。

弁護士は法律の専門家ですから、自分と子どもの権利を守ること、相手方への要求、過去の判例に照らした現実的な解決案の検討などについては、強い味方といえます。

弁護士を通じてモラ夫の勝手な言い分が書いてある書面を見せられると、ざわざわと感情が動きます。その気持ちをわかってほしいと思うのは自然なことですが、つらさの度合いがそのまま慰謝料などに反映されるわけではないので、弁護士に自分の気持ちを聞いてもらうことに時間をかけるのは得策ではありません。

一方、モラ夫が激怒して開けた壁の穴の写真や暴言を吐いている録音があれば、それは被害者が感じた恐怖を裏づける証拠となり得ますので、必ず弁護士に知らせるべきです。

やらなくてはいけないことが山積みで、頭がいっぱいになってしまい、計画的に物事を進めていく余裕などない……そんな状況だからこそ、何でも一人でやろうとしないで、目的別に専門家を賢く利用しましょう。

（本田）

6章　モラハラ離婚に備えて

まず、これだけは準備しよう

モラ夫との決別のために、まず乗り越えなくてはならないのは別居へのハードルですが、何から手をつけてよいか、途方に暮れるかもしれません。

しかし、別居とは、つまりは引っ越しです。今まで何度かは経験してきたことではないでしょうか。一つ一つクリアしていけば、必ず実現できることです。まず、転居先と転居予定日を決めたら、次は「引っ越し準備」です。

転居に際し、どのくらいの荷物を持ち出せるかは、ケースバイケースです。夫の出張予定に合わせて綿密に計画を立て、引っ越し業者に頼んで、大型家具を含め、私物すべてを実家に持ち帰る方もいます。一方で、夫が失業中や退職後でほとんど家にいるため、夫が珍しく外出したすきにバッグ一つで逃げ出す方もいます。

基本的にモラ夫はケチで、もの一つ失うのもいやがります。そこへ妻が勝手に出ていったとなると、自分に刃向かった妻を許せず、妻に荷物を渡してやろうなどとは金輪際、思いません。妻のもののうち、使えるものは使い続け、自分にとって価値のないものは、たとえそれが妻の大切なものであろうとおかまいなしに処分してしまうこともあります。

もちろん例外はあり、一切合財を妻の実家に送りつけてくることもありますが、そんな幸運（？）なケースはほとんどないと考えたほうがいいでしょう。なかにはゴミばかりを何十箱も詰めて着払いにし、妻がけっこうな金額を支払って受けとったところ、開けてびっくりというケースもあります。

というわけで、家を出る際、私物全部の持ち出しが無理な場合は、二度と取り戻せないかもしれないことを覚悟して、取捨選択する必要があります。

その際、次のものはぜひ忘れずに持ち出してください。

●現金・預金通帳・銀行印・キャッシュカード

生活費は前述の通り裁判所に申し立てて夫に請求できますが、実際に手続きが終わって手元に来るのはかなり後になるのが一般的ですから、当面の生活費は必要です。妻名義の預金通帳、キャッシュカードを夫が管理している場合は、できる限り取り戻しましょう。夫名義の通帳については、銀行名をメモしておきましょう。

夫婦が婚姻中に築いた財産は、原則としてその名義が夫であろうと妻であろうと、夫婦の共有財産となり、夫婦のどちらが保管していてもかまいません。

ですから、妻が夫名義の通帳を持ち出しても、法的には問題となりません。ただ、近年は、引き出しの際の銀行の本人確認手続きが厳しいうえに、夫が銀行で通帳やカードの再発行を申請してしまえば、持ち出した夫名義の通帳・カードは使えなくなってしまいます。

このように、通帳を持ち出しても、無駄になるだけでなく、ケチなモラ夫をよけいに怒らせてしまい、離婚の解決がさらに延びてしまうこともあります。

いずれ調停や裁判で財産分与が争点となれば、夫名義の財産を調査し、分与の対象とすることができます。ですから無理して夫名義の通帳を持ち出す必要はありません。

●生命保険・学資保険などの保険証書

もしも保険契約者があなたであれば、できる限り保険証書は持ち出しましょう（ただし持ち出せなくても権利を失うことはありません）。

契約者が夫であれば、無理する必要はありません。保険会社名のメモさえあれば、後日調査のうえ、財産分与の対象とすることができます。

●健康保険証

夫の勤務先の社会保険に妻子が加入していて、個人別の保険証が一人一枚発行されている場合は、妻名義、子ども名義の保険証は必ず持ち出してください。

問題は、家族全員に、保険証が一枚しか発行されていない場合です（このような時代遅れの職場が、残念ながら今でもあります）。子どものために、まずは持っていきましょう。夫が返せと言ってきたら、妻と子が国民健康保険に加入できるよう手続きに協力してもらいましょう。

別居後に国民健康保険に加入するとしても、そのためには原則として、それまで加入していた夫の勤務先の社会保険から脱退したことの証明書が必要となります。これを「被扶養者資格喪失証明書」と言います。この証明書を取得するためには、夫が勤務先に申請手続きをとる必要がありますが、残念ながらモラ夫はなかなか手続きをしてくれません。

もし証明書をくれない場合は、行政にＤＶ被害者であることを申告すると、モラ夫の意思と関係なく、社会保険事務所から脱退が認められ、国民健康保険に加入することができます。ただ、国民健康保険に加入すると、保険料を自分で負担しなくてはなりません。もし負担するのが困難であれば、夫の勤務先の社会保険を継続するしかありません。

なお、年金手帳、パスポート、実印と印鑑登録証、運転免許証などは、もちろん重要で、持ち出したほうがいいことは明らかですが、万一忘れても再発行してもらえますから、心配はいりません。

●モラハラの証拠

モラ夫は、調停でも裁判でも、自分はまったく悪くないと自信を持って主張します。これを崩すためにいちばん有効なのは、客観的な証拠です。もし離婚原因が不貞であれば浮気を示すメール、身体的暴力であればケガの写真・診断書など、証拠はけっこうあるものです。ところがモラハラは、証拠がないのが普通です。典型的なのは「無視」です。怒鳴り声は録音できますが、「無視」ばかりは録音もできません。

でもあきらめる必要はありません。無視の状況を日記につけて、その日記を持ち出してください。その内容が詳細で客観的であれば、裁判所が信用する可能性は高くなります。別居する前に法律相談を受けた場合は、証拠として何が有効かを確認し、それを別居時に忘れずに持ち出してください。証拠の集め方については後述します（１４２ページ参照）。

●思い出の品

いちばん大切なのはアルバムでしょう。親にとってはもちろん、子どもにとってはそれ以上に、アルバムはかけがえのないものです。

子どもは、自分が赤ちゃんの頃の写真を繰り返し見ることで、自分が親に愛されてこの世に生まれ育ってきたことを確信します。小学校で、赤ちゃんの頃の写真を使っての宿題が出ることもあります。

別居後にアルバムの引き渡しを請求しても、夫が拒むことはよくあります。むしろ夫のほうがモラハラをしていない証拠として、楽しげな家族写真を裁判所に提出してくることもあります。とはいえ、カメラを向けられれば笑顔をつくるのは条件反射のようなものですから、写真を証拠とされても心配する必要はありません。ですが、子どものためにはぜひともアルバム、またはそのもととなるデータやネガは持って出てください。

その他、「へその緒」や母子手帳、通知表など、子どもにとって大切なものや、ご自分の卒業アルバムや卒業証書なども持ち出せるといいと思います。

夫が法律にくわしいときはどうする?

モラ夫が妻を支配する方法の一つに、このような脅し文句があります。

「俺は法学部を出ているんだ」
「俺の親友(兄弟)は弁護士(裁判官・検察官)だ」
「おまえは無職だから、子どもの親権者にはなれない」
「離婚しても一銭もやる必要はない」
「離婚するなら住宅ローンの半分はおまえが負担することになる」
「離婚するならおまえが慰謝料を払うことになる」

こう刷り込まれたために、とうてい離婚はできないものとあきらめている方は多くいます。しかし、これらは脅しに過ぎず、恐れる必要はありません。

まず親権についてですが、有職の夫より専業主婦が親権者になる例が圧倒的多数です。職業の有無は関係ありません。

また、離婚に際しては、普通、資力のある夫のほうが金銭的支払いをします。モラハラがあれば慰謝料、財産があれば財産分与、子どもがいれば養育費を負担する、といった具合です。モラハラ被害者である妻が加害者である夫に慰謝料を払うケースなど、よほどの事情がないかぎり、一般には考えられないことです。

はっきり言って、**モラ夫の法律論はデタラメなことがほとんどです。**ちょっと調べればすぐデタラメだとわかるのですが、多くの妻たちは頭から信じ込んでいます。これは、モラ夫から日常的に「俺は優秀だ、法律にも強い」「おまえはばかだ、法律はわからない」と叩き込まれているからだと思われます。

そもそも、法学部出身だからといって法律にくわしいとは限りません。多くの法学部出身者は、卒業と同時に学んだ法律の多くを忘れているのが実態です。

さらに、プロの法律家といえども、全員が離婚に関する法律にくわしいわけではありません。たとえ弁護士であっても、家事事件の経験が少なければ、養育費や財産分与の算出方法を間違えることはよくあります。

一般にモラ夫は、ネットなどで得た生半可な情報を自分に有利なようにねじまげて解釈し、自信たっぷりに主張します。妻は、その自信たっぷりな態度に圧倒されてしまうようです。

モラ夫は、自分は頭がいいと自慢しますが、本当に頭がよければ、自分の言動が家族を傷つけること、その結果、家庭が崩壊し、最後には自分が孤立するかもしれないことも見通せるはずです。このような基本的な洞察力・思考力・想像力もない人を「頭がいい」とは言いません。つまり、モラ夫は「頭が悪い」のです。

ですから、モラ夫の話を鵜呑《うの》みにしてはいけません。すべて疑ってかかりましょう。

ちなみに、筆者が交渉したことのある、モラ夫とはいえとても頭のいい方は、一度モラハラとこれを原因とする離婚手続きについてじっくり説明したとたん、今後起こり得る状況をたちまち予測、計算し、調停や裁判が無駄であることを理解し、子どもの親権者を妻として、原則通りの養育費と財産分与を負担することに合意し、慰謝料に代わる解決金と五割の年金分割にも合意し、調停調書作成のため一回だけ調停に出頭して離婚に至りました。この方は、理解力があるだけでなく、感情より理性が勝るタイプだったのかもしれません。

いずれにせよ、モラハラし放題のうえ、離婚の法的争点についてデタラメを語る夫など、まったく恐れるには足りません。自信を持って次のステップに進みましょう。

本書を読んで知識を蓄え、法律相談を受けて、あなたのケースに応じた最適の対処法を考えてください。

モラハラ証拠の集め方

前にお話ししたように、モラハラ離婚の難しさの一つに、証拠が少ないことが挙げられます。明らかな証拠の採集は難しいですが、それでもできることはあります。

メールであれこれ命令してくる場合は、メールを保存しておきましょう。怒鳴る、侮辱する、脅す、長時間説教する、こまごまと家計のチェックをする……このように**言葉を発するモラハラは、できれば録音しておくととても役に立ちます。**

しかし、事前に予測してレコーダーを準備するのはけっこう大変です。とくに、妻が夫に恐怖心を持っている場合は、夫の生の声の録音にまで気を配るのは本当に難しいことです。もしばれたら、さらに怒りを招くことになり、それを思うと身がすくんでしまうという方もいます。

また、そもそも言葉を発しない「無視」は録音のしようがありません。

このように証拠が取れない場合は、**モラ夫の言動について日記をつけておいてくださ**

い。日記には、なるべくモラハラの事実を淡々と書き、さらにその日の客観的事実も記載するようにしてください。もし日記に主観的な思いしか綴られていないと、裁判所が日記の客観性を認めてくれない恐れがあり、努力が水の泡となってしまいます。

日記をつけるゆとりがない場合は、せめてスケジュール表を用意して、**無視された日に印をつけておいてください。**それでも何もないよりは助けになります。

日記を夫に見つけられてしまう心配のある場合は、親兄弟や友人に、日記代わりのメールを送って保存してもらう方もいます。また、何かあるたびにトイレに入ってメモを作り続け、そのメモを隠しておいたり、親兄弟や友人に預かってもらう方もいます。

どれも大変有効です。どんな場合でも、工夫次第で証拠は残せますから、あきらめず、何ができるかをぜひ考えてみてください。または、信頼できる第三者に相談してみてください。

これらの証拠は、いつ必要になるかというと、じつは裁判になったときです。調停では必ずしも証拠は必要ありません。調停はあくまでも話し合いの場であり、事実の白黒をつける場ではないからです。ただ、調停段階でも調停委員の理解を得るためには、証拠を見せたほうが早いといえます。証拠を見てモラハラの事実の確信を持った調停委員は、積極的に離婚に向けて夫を説得してくれることでしょう。

なお、モラハラのために不眠、食欲不振、過呼吸などの身体的不調が出た場合は、我慢せずに精神科、心療内科を受診しておいて、別居後、裁判所に出す必要が出てきたら、**診断書をもらってください。**診断書に夫のモラハラとの因果関係があるとの記載があればもちろん、もしそこまでの記載がなくても、他の証拠とあいまって、モラハラを裏づける証拠になります。

その他、夫のモラハラを目撃した家族や第三者がいれば、その**見聞きしたことを陳述書という形で文書化**してもらい、これを裁判手続きのなかで、証拠として提出することができます。その内容が具体的でくわしく、客観性が認められれば、有力な証拠になり得ます。その際、陳述書には陳述者の住所と署名、押印、作成年月日の記載が必要になります。

ただし、もし陳述内容に夫が疑問を持ち、チェックのために証人として申請をした場合に、裁判所が証人尋問の必要性を認めれば、協力した方は裁判所で尋問を受けなくてはなりません。ですから協力を依頼する場合には、いざとなったら証人尋問を受けなくてはならないことを説明しておくほうがよいでしょう。

モラハラの目撃者としていちばん多いのは子どもです。しかし、子どもが未成年の場合は、夫婦の問題の巻き添えにするのは望ましいことではありません。子どもが成年に達していたとしても、子どもと父親の縁は切れず、妻と違って子どもは他人にはなり得ないことを考えると、その立場は微妙です。

ですから、子どもにモラハラ目撃の陳述書を作ってもらうかどうかは、慎重に検討すべきです。裁判所は、安易に子どもを離婚紛争の巻き添えにする親に対し、親権者としての適格性に疑いを持つことがあります。子どもの陳述書は、ほかにまったく方法がない場合の最終手段と考えてください。

ある日突然、消える方法

モラハラで相談に見えた方に、離婚するにはまず別居というお話をしますと、多くの方がこのような質問をされます。

「別居することを、夫にどう説明したらいいでしょう?」

この言葉だけでも、モラ夫の妻でいることの並々ならぬ苦労がしのばれます。

一般にモラ夫は、自分の承諾なくして妻が勝手に行動することをいっさい認めません。妻が別居したいなどと言い出したとたん、モラ夫がキレることは間違いありません。

でも、安心してください。**別居について、夫に事前に説明する必要はいっさいありませ**

ん。妻が夫のモラハラで人格を否定されている状況で別居するのは、自己防衛として当然の行為です。加害者に別居の弁解をする必要はありません。

妻が家を出ざるを得ない状況をつくった責任は明らかにモラ夫にあります。しかし、モラ夫は決してそうは考えません。いくら説明したところで、モラ夫は自分を正当化し妻を非難するばかりで、らちがあきません。わかってもらおうとして説明するのは、はっきり言って無駄です。脅迫されて、別居の機会を逸《いっ》してしまう恐れさえあります。

そうは言っても、突然妻に出ていかれたモラ夫は、さまざまな行動に出ますので、それを予測して、できる範囲で対処しておくとよいでしょう。

モラ夫が探し回りそうで、実家や親族、友人らに迷惑がかかると思った場合は、「別居します。探さないでください」という趣旨の書き置きを残すのも一つです。別居前にすでに弁護士に依頼している場合は、今後はこの弁護士に連絡するよう、弁護士の名刺とともに書き置きを残すのもよいと思います。

その際、長く理由を書いてもいいですが、残念ながら、モラ夫は書き置きくらいでは理解しません。妻がどんなにモラハラの事実を詳述した手紙を残しても、モラ夫がいっさい理解しないまま、調停でも「離婚の理由がわからない。本人から直接説明してほしい」と言い続けることはよくあります。

モラハラのつらさを綴った書き置きは、モラ夫には通じないことが多いですが、裁判所はきちんと受けとめてくれます。もし書き置きを残す場合は、そのコピーを持って家を出ましょう。なお、「私が悪かった」などと書きますと、今度はモラ夫のほうが妻の責任を証明するために裁判の証拠にすることがありますので、十分気をつけてください。

もし出るときに余裕がなければ、何もしなくても大丈夫です。

さて、家を出た後、転居先をモラ夫から隠し続けたいという願いは切実です。いつモラ夫が居場所を突き止めて、怒鳴り込んで来るか、子どもを奪いに来るか、毎日玄関の外に響く足音に耳をそばだてながら生活している方もいます。

モラ夫から転居先を隠すために使える制度としては、**住民票の閲覧禁止の支援措置**（住民基本台帳事務における支援措置）があります。

これは、転居先に住民票を異動した場合に、その住民票を第三者が閲覧したり住民票の写しの交付を受けることができないようにする措置です。申し出ができるのは、次の場合です。

◎ＤＶまたはストーカー行為などの被害者である。
◎今後も加害者により暴力を振るわれたりつきまとわれたりする恐れがある。

◎警察や公的相談機関（支援センターなど）に被害届を出したり、相談したりしている、またはする予定である。

手続きは簡単で、まずウェブサイトか自治体の窓口で「住民基本台帳事務における支援措置申出書」を入手し、必要事項を記入後、警察に行って事情を説明し、意見欄に記入してもらいます。そして住民票がある役所に行き、申出書を提出します。

書類はすべて本人が記入し、認印を押す必要があります。また、申し出の際には、本人確認書類が必要となります。くわしくは、各自治体にお問い合わせください。

ただ、この措置《そち》は万全ではなく、弁護士が夫の代理人として住民票の写しを請求した場合や、夫以外の親族が相続などを理由に請求した場合には、自治体によっては写しを交付することがあるといわれています。

いちばん安心なのは、住民票を従前のままにして異動させないことです。DV・モラハラを理由とする転居の場合は、住民票を異動させなくても、転居先の自治体が子どもの転校手続き、福祉サービスなどについて支援してくれます。自治体にはDV防止法にもとづき、被害者の保護や自立に向けての支援をする義務が課せられていて、これはその一つです。転居先の学校では、住民票がなくても子どもを受け入れるだけでなく、仮名を使わせてくれることもあります。

夫が「反省している。戻ってくれ」と言ってきたら？

モラ夫はあなたの避難先の実家に押しかけてきて、両親の目の前で泣いて反省しているふりをしたり、ひんぱんに電話やメールで謝ってきたり、あなたの心を揺さぶるような台詞《せりふ》を吐いたりすることがあります。

さすがに、そこまで言うなら彼も本気で反省しているんじゃないかと心が動きます。気持ちが揺れて迷いが出てきます。彼もこんなに苦しんでいる、自分だって悪いところもあった、彼がこれだけ反省して変わると言ってくれるのなら、やり直せるかもしれない、よそのモラ夫はともかく、彼は違うかもしれない、少なくともチャンスを与えてみてもよいのでは……。

そんな気持ちがよぎったとき、モラ夫のペースにのって性急に答えを出すのではなく、ちょっと立ち止まって、次のことを考えてみてください。

◎あなたと出会ってからこれまでに、モラ夫が自分のおこないを悔い、反省して、態度を改めたことがあったでしょうか。

◎本当に心からあなたに戻ってきてほしいと思っているなら、あなたがどう思っているのか、あなたが何を望んでいるのかなど、二人の将来について、「あなた」を主語にして考えてくれているはずです。彼の態度はどうでしょうか。相変わらず、「俺は傷ついた」「俺は体調が悪くなった」などと、自分を主語にしていませんか。

◎やり直すためにモラ夫に変わってほしいと思うのはどんなところですか。これまでどんな場面で傷ついてきましたか。モラ夫にどうしてもらえたらよかったと思いますか。考えられる範囲でかまいません。具体的に書き出してみましょう。そして、モラ夫に会ったとき、それを「私は」を主語にして伝えることができますか。

◎誰か話をじっくり聞いてくれる人（意見やアドバイスを求めるのではなく、ただ聞いてもらってください）にこれまでの経緯を話して、今あなたが置かれている状況や問題について整理してみましょう。客観的な視点が生まれると思います。そこから判断しましょう。

◎モラ夫と同居中、本当はしたかったけれどできなかったことをしてみましょう。ショッピングでも、学生時代の友達とのおしゃべりでも、映画館に行くのでも、何でもいいのです。自分のために時間を使って楽しんでみてください。そして、モラ夫と結婚する前の「本来の私」がどんな人だったか、思い出してみてください。
◎モラ夫のもとに戻ったとして、その後も自由意思で行動し、素のままの自分で生きることができそうですか。あなたばかりが我慢を強いられる生活にならないでしょうか。
◎モラ夫からメールや電話がきても、すぐに反応せずに、しばらく時間をおいて、相手の様子を観察してみてください。あの手この手であなたを取り戻す作戦を実行したあと、自分が描いたシナリオ通りにあなたが反応するか、ゲームを楽しむように、結果を知りたくてうずうずしているかもしれません。しばらく静観してみてください。

避難先の実家では親から干渉されて肩身が狭かったり、急いで引っ越した仮住まいは居心地が悪かったりするかもしれませんが、今が大事なときです。

八方ふさがりのように思える状況でも、角度を変えて見てみると、小さな穴があいていて、その穴から澄んだ青空がのぞけるかもしれません。あきらめないでください。

あなたがモラハラ被害に気づき、ようやくエネルギーや判断力を取り戻しつつあり、将来の希望も生まれかけている今、モラ夫の言葉を信じて、すべてをもう一度危険にさらすことはお勧めできません。

あせらず十分に時間をとって、よく考えてから結論を出してください。

協議離婚のメリット・デメリット

離婚は、夫婦の双方に離婚する意思があって、離婚届に双方が署名押印し、証人を二人頼んで署名押印してもらい、他の必要事項を記入したうえで役所に届け出て、受理されれば成立します（205ページ参照）。裁判所の力を借りず、当事者だけで話し合って離婚届を出すこのような離婚方法を「協議離婚」と言います。

協議離婚は、調停離婚や裁判離婚より手続きが簡単で、日本の離婚の九〇パーセントを占めると言われています。

モラ夫は、自分の思い通りになる妻をなかなか手放そうとはせず、脅し文句で「離婚だ！」「出ていけ！」とよく言うわりに、離婚届に自らサインしようとはしません。ですから協議離婚は、モラハラ離婚ではなかなか当たらない宝くじのような存在です。

ところが、まれにモラ夫が「離婚だ！」と怒鳴るだけでなく、離婚届を用意したうえサインして「出しとけ！」と放り投げてくることがあります。

これを出してよいものか？

もしあなたが、本当に離婚を望んでいるなら、これはまたとないチャンスです。通常は離婚に際して、子どもの親権、養育費、面会方法、財産分与、慰謝料、年金分割についても協議します。しかし、じつは親権以外の問題は、すべて離婚成立後でも調停・審判・裁判で解決することができるのです。離婚届を出してしまったからといって、金銭的請求権を失うわけではありません。

モラハラ離婚でいちばんやっかいなのは、モラ夫に離婚の意思がないことです。モラ夫が離婚を拒絶する限り、調停でもまとまらず、裁判をして、離婚原因となるモラハラの事実を詳細に主張し、立証しなければなりませんが、それにかかる時間もエネルギーも半端ではありません。

もし離婚届を出して協議離婚さえ成立すれば、このいちばん大変な部分をカットできるわけです。これは協議離婚の最大のメリットです。

さらに離婚が早くできれば、一人親世帯への手当や、一人親のための援助（公営住宅の優先入居など）をさっさと受けることができるというメリットもあります。

ただ、次の場合は、離婚届を出す前に慎重に検討してください。

①未成年の子どもがいて、親権について話し合いがなされていないとき

モラ夫が親権者をどちらにするかについて何も触れない場合は、離婚届にサインしたとしても本気ではなく、離婚意思なしと裁判所が認定する可能性があります。つまり妻が夫

に何も言わずに子どもの親権者を自分にして離婚届を出した後、モラ夫が離婚無効確認の調停や裁判を申し立てた場合、夫の主張が通る恐れがあるということです。協議離婚の場合は、少なくとも親権についてだけは、きちんと話し合わなくてはなりません。

②離婚すると妻が経済的に苦しくなる場合

結婚している間は、夫は妻を扶養する義務があり、婚姻費用（生活費）はそれを考慮した金額となります。しかし、離婚してしまうと、夫はもう妻を扶養する必要がありません。子どもがいれば養育費を支払うことになりますが、子どもの分だけなので、婚姻費用よりも低額となります。

ほかに財産分与が十分期待できるケースならいいのですが、自宅の住宅ローンがしっかり残っているような場合は分与なしとなってしまうこともあります。慰謝料をもらえるとしても、そもそも日本の裁判所ではあまり高額の慰謝料を認めません。つまり、離婚しないで婚姻費用をもらっているほうが、経済的には困らないということがあるわけです。

離婚届を出したとたん、婚姻費用はもらえなくなりますので、その点も踏まえてまずは将来設計をしてみてください。

経済的なプラスマイナスを考えたうえで、離婚に踏み切らず、子どもが自立するまでは別居のままでいることを決断する方はけっこういます。

いずれにせよ、夫がサインした離婚届を出す出さないは、とても難しい判断ですので、ぜひ出す前に弁護士に相談してください。

また、もし夫と離婚について話し合うことができて、金銭面などの離婚条件について協議がまとまっている場合も、弁護士に相談してください。その協議内容に問題がないかチェックしてもらったうえで、どのような書面にするのが最適か、公正証書や調停調書にまでする必要があるか、アドバイスをしてもらうことができます。

子どもが離婚に反対しているとき

別居をするにも、離婚をするにも、子どもがいるとき、とくに子どもが小中高生のときは、悩みも迷いもいっそう度合いを増します。

子どもがお気に入りの子ども部屋を持っている、別居による転校で仲のいい友達と離れることになる、小さい頃から好きで続けていたスポーツクラブやお稽古事をやめなくてはならなくなる、モラ夫が子どもだけはかわいがり、子どもも父親を慕っている……。

やはり自分が我慢すれば丸くおさまるのではないかと考えるのは無理もないことです。

でも、もっと先のことを考えてみてください。これからもずっとモラハラを受け続けて、もしあなたが精神的に参ってしまったら、子どもを育てるのはモラ夫だけになってしまいます。あなたが参らなくても、父親の影響を受け続けた子どもが、モラ夫の言いなりになったり、モラ夫そっくりになってしまうこともあります。子どもの幸せを本気で考えるなら、今、何をすべきか、おのずと明らかになるはずです。

勇気を出して子どもと向き合い、子どもにわかる言葉で語ってください。お母さんがお父さんとはこれ以上一緒に暮らせないこと、それはあなたのせいではないこと、お母さんは家を出ていく決心をしたこと、そしてあなたについてきてほしいと思っていること。

母親が一生懸命語れば、たとえ初めはびっくりしたり反対したりしても、子どもにはきっと伝わります。子どもがモラハラの現場を見てきたり、自分もモラハラを受けていたら、たちまち理解するはずです。

子どもが母親を慕っている場合は、母親の話が十分理解できなくても、母親と別れることはまず考えません。多くの子どもは母親と行動をともにします。

ただ、なかには、別居や離婚に反対する子ども、または母親が別居や離婚をするのはかまわないけれど自分は出ていかないと言う子どもがいます。

これにはいろいろなケースがあると思いますが、一つは、子どもが中高生で精神的に自立し始めている場合です。自宅や学校に子どもの居場所があって、すでに親離れが始まっていると、母親と一緒に出ようとしません。

次に、その子がとてもやさしい性格で、父親が一人になることをかわいそうに思い、きょうだいのなかで自分だけは残ろうと考える場合です。父親のモラハラはよくわかっていても、あしらい方を学んでいる子もいます。

もう一つは、残念ながら、子どもがすっかり父親のマインドコントロールを受けてしまって、父親の真似をして母親を蔑視《べっし》している場合です。もはや母親の言うことに耳を傾けようとはしません。これは父親のせいですから、その子を責めることはできません。こうなる前に、ぜひとも子どもを父親から離したいものです。

子どもが別居や離婚に反対したり、一緒に来てくれなかったとしても、変わらず母親として誠実に、愛情を持って接すれば、いつかはきっとわかってくれます。

子どもが反対したからといって、もしここで別居を断念してしまい、あなたが自分を失ってしまったら、子どもたちを健全に育てることもできなくなります。子どものためにも、どうか勇気を持って、一歩を踏み出してください。

親権と監護権ってなんですか？

親権とは、一言でいえば、子どもが成年に達するまでの、子どもの生活に関するすべての決定権です。民法は、親権者に子どもの監護および教育をする権利と義務があることを定めています。

親権者は、子どもの世話をし、住む場所を決め、学校を選択し、アルバイトの許可をし、子ども名義の財産があればその管理をします。婚姻中は父母が共同して親権を行使しますが、離婚後は父母の一方だけが親権者となります。

離婚の際に、もし親権を失ってしまうと、子どもと一緒に生活できなくなったり、子どもの教育に関与できなくなったりします。また、子どもを連れ去ると、誘拐罪に問われることもあります。そんなわけで、離婚の際に子の親権を確保することは、きわめて重要な問題となります。

親権者は子どもを監護養育するのが大原則ですが、例外的に、離婚の際に親権と監護権を分けることができます。通常は子どもをおもに養育しているほうが親権者になりますが、なかにはどうしても親権を母親に渡さないと主張するモラ夫がいます。親権はほしいけれど、夫自身は仕事が忙しくて養育できないので、監護は妻にさせてもよいなどと言い出す夫もいます。もし妻がこれを承諾すると、調停で、子どもの親権者は父親、監護養育者は母親という変則的な離婚が成立することになります。

ですが、このような条件をのむことはお勧めできません。

その理由は、まず第一に、子どものためになりません。子どもの幸せのためには今何をすべきか、これを判断できるのは、毎日育てている監護養育者です。

たとえば、監護養育者が子どもに音楽の才能があると気づいたとしても、それがわからない親権者がピアノのレッスンを認めなかったらどうでしょう？　親権者は、自ら育てていてこそ、子どものよりよい成長のために何が必要かわかるのです。親権と監護権は一致していてこそ、子の福祉に合致するのです。

もう一つの理由は、このように**親権にこだわるモラ夫は、一般に支配欲がとても強く、子どもの親権者となることで、実際に監護養育しなくても、離婚後も母子を支配し続ける**からです。これではモラ夫と離婚しても、何の意味もなくなってしまいます。

モラ夫と別居して子どもを養育中の妻は、せっかく親権がとれる状況にあるわけですから、このような大事な権利を自ら放棄するようなことはしないでください。監護権だけでは、子どもの幸せは守れません。

なお、親権も監護権も妻に渡してもよいが、進学や転居については双方協議することなど、親権を骨抜きにするような条件を提示してくるモラ夫もいます。

このような、モラ夫の支配を可能にする条件には、いくら早期の離婚成立のためといえども決して容易には応じないよう、くれぐれも気をつけてください。

親権をとるために必要なこと

離婚したいのはやまやまだけど、子どもの親権をとれなかったらどうしよう……。このような心配を抱えて離婚になかなか踏み切れない母親は多くいます。とくにモラ夫から「おまえに親権は渡さない」「収入もないやつが親権者になれるわけがない」「おまえみたいなばかに子どもの教育ができるか」「頭のおかしいやつは親権者になれない」などとののしられつづけてきた母親は、子どもから引き離されるのではないかと脅え切っています。

でも、モラ夫の言葉は、前にもお話しした通り、デタラメです。

収入のまったくない専業主婦でも、モラハラによるうつ状態で精神科に通院中でも、子どもの世話をしている限り、母親は親権者になれます。大切なのは、子どもの食事をつくり、健康に気をつけ、清潔な服を着せ、子どもとの会話を楽しみ、幼稚園・保育園・学校生活に気を配り、子どもがのびのびと個性や能力を発揮できるよう精一杯努力できることです。つまり、一般に母親が日常的にしていることを続けていれば、何の心配もありません。また、うつ病で一時的に育児が不十分になってしまったとしても、改善されていれば大丈夫です。

なかには親権をとるのに不利になるのではないかと心配して、具合が悪くても医師に診てもらわずに頑張ってしまう方もいます。その心配はありませんから、ぜひ病院に行ってください。むしろ診断を受けたことが、モラハラによっていかに精神的打撃を被ったかの証明になります。

ただ、うつ病などが悪化して長期入院をする事態になりますと、別居や離婚の手続きをとりにくくなります。そんな状況下でもし離婚となりますと、さすがに親権の確保は難しくなるでしょう。

自分は大丈夫だと思っていても、モラハラは侮《あなど》れません。気づかないうちに、心身が深く傷ついていて、この先どんなダメージがあらわれてくるか、予測がつきません。どうか、エネルギーをモラ夫に吸い尽くされる前に、子どもと一緒に逃げ出してください。

別居したとたん、みるみる元気になる方はたくさんいます。元気になって子どもとの生活を大事にしてください。子どもが母親のもとで健やかに成長していれば、親権を奪われる心配はなくなります。

ただ、前節でも述べたように、なかには子どもが別居についてこない場合があります。もしその理由が「お母さんがいなくても大丈夫」ということであれば、子どもはすでに親離れを始めているわけですから、親権がどちらに決まっても大丈夫です。その子には考える力と、親をうまく利用する知恵があるということです。

もし子どもが一五歳以上であれば、裁判所は離婚裁判において子どもから親権者についての意見を聴取します。子どもが父親のもとに残っていても「親権者としてお母さんを望みます」という趣旨の書面をつくり、裁判所に提出すれば、母親が親権者になる可能性は格段に高まります。

もし子どもを連れて出ることができず、父子の生活状況がわからず非常に心配な場合は、妻のほうから面会交流の調停をしたり、離婚手続きのなかで親権争いをしましょう。家庭裁判所調査官によって、子どもの監護状況について調査がなされれば、およその生活ぶりを確認することができます。

さらに、離婚裁判において夫が親権者と認められてしまっても、その後、子どもが父親から逃げ出して母親のもとに来れば、家庭裁判所に親権を父から母へ変更するよう求める調停や審判を申し立てることもできます。

さらにいえば、親権は子どもが未成年の間だけ問題になることで、二〇歳になればもはや関係ありません。

ここで気をつけてほしいのは、モラ夫が子どもに対しても自分勝手な支配をしていて、子どもが望む進学を認めず、学費などをいっさい負担しなかったり、さらに進学を妨害するような父親である場合です。

このような場合は何が何でも母親が親権を確保しましょう。裁判所はあらゆる価値観のなかで「子の福祉」を何よりも大切なものとして最大限尊重しますので、母親の訴える危機感には必ず耳を傾けてくれます。

何よりも重要なのは、誕生から始まる母子の愛情と信頼関係を、何があっても見失わない、ということです。それさえできれば、万が一、親権者が一時的に父親となっても、母親が子どもを守り続けることができるはずです。

慰謝料や養育費を請求する

離婚をするかしないかを判断するにあたり、離婚すると夫からどのくらいの金銭を得られるかを予測しておくことはとても重要です。

離婚における金銭請求権としては、養育費、財産分与、慰謝料、年金分割があります。

養育費

子どもが未成年の間は、監護親（世話をしている親）から非監護親（世話をしていない親）に対し、子どもにかかる生活費、教育費、医療費などを養育費として請求することができます。

裁判所は養育費の月額を決めるにあたり、東京・大阪養育費用等研究会という裁判官のグループが作成した「養育費の算定表」（巻末資料参照）を参考にしています。この表は、親の年収、子どもの数、子どもの年齢によって、簡単に適正養育費がわかるようになっています。

なお、この算定表は、子どもが公立校に通学していることを前提にしていますので、夫の同意のもと私立校に通学している場合は、差額分の上乗せを請求できます。これについては、２２９ページでくわしく説明しています。

また、大学進学などでとくに費用がかかる場合や、夫が昇給した場合などは、一度決まった養育費の増額を求めて再度調停を申し立てることもできます。

財産分与

婚姻中に夫婦が築いた財産は離婚にあたって清算します。その際、次のことを知っておいてください。

◎財産分与の対象となる財産としては、現金、預貯金、財形貯蓄、不動産、株などの有価証券、学資保険や生命保険、車、退職金、住宅ローンなどの負債があります。

◎贈与や相続で取得した財産や婚姻前に築いた財産は、個人の特有財産ですので、財産分与の対象とはなりません。

◎分与割合は原則五割です。ただし、財産形成に一方がとくに寄与した場合は、例外的に寄与したほうが多くなることがあります。たとえば夫や妻が婚姻前の預貯金を世帯の生活費として提供したため、そのぶん婚姻中の世帯の生活費負担が減り、預貯金が増加したような場合です。

◎財産分与の対象となる財産の額を決める基準日は、破綻した日、つまり別居した日です。もし同居したまま離婚に至った場合は、原則として離婚した日です。この破綻した日に存在する財産を評価して、その二分の一を計算して分与額を決めることになります。預貯金であれば破綻日の残高、保険であれば破綻日にもし解約したら出るはずの解約返戻金額、退職金も同様にもし破綻日に退職したら出る退職金額（ただし夫が就職した後で婚姻した場合は、退職金のうち婚姻前の期間分は財産分与から控除されます）が対象となります。

住宅ローンのような負債も同様で、破綻時のローン残高を全体の財産額から控除することになります。不動産、自動車や有価証券については、破綻時に存在したものにつき、現在の査定額で評価します。

◎こうして対象となる財産を合算した結果、財産がプラスになればその二分の一が分与額です。もし合算した結果、住宅ローンなどの負債が多すぎてマイナスになってしまった場合は、裁判所は財産分与をしないのが原則です。

●扶養的財産分与

もし財産分与もなく後述の慰謝料もわずかのような場合で、妻がうつ病などで働けないような状況にあるとき、つまり離婚後、妻が生活に窮《きゅう》するのが明らかな場合、妻は夫に離婚後の扶養を請求することができます。これを扶養的財産分与といいます。これは離婚後、期間を限定して、毎月生活費の全部または一部を請求するものです。

●慰謝料

夫のモラハラで婚姻が破綻した場合は、妻は夫に対して慰謝料請求ができます。ただ、モラ夫は通常モラハラを認めませんから、調停でモラハラを原因として慰謝料を請求しますと、それだけでモラ夫が怒り出し、調停が進められなくなることがあります。

もし、モラハラについて客観的証拠（録音、メール、モラハラとの因果関係を認めた妻の症状についての診断書など）があって裁判が有利に進みそうな場合は、遠慮することはありません。調停は不成立にして、裁判に持ち込みましょう。

ただ、もし証拠が不足している場合、証拠はあっても裁判までは望まないような場合は、慰謝料という言葉にこだわらず、解決金として同額を請求してみてください。モラ夫も裁判を望んでいない場合、解決金という名目であれば応じることがあります。

解決金とは、簡単にいえば、話し合いで解決するために必要な費用ということです。妻としては、実質は慰謝料としても、慰謝料という名目では夫が納得せず、解決金なら支払うと言い出した場合は、名目よりも実を取る選択をして、早く解決することができます。夫としては、わけのわからない妻をなだめるため、もしくは子どもの将来の教育費のためなどと、自分なりに納得して支払いに応じるわけです。

このように解決金という言葉は、それぞれが自分の好きなように解釈できるもので、それぞれが納得するという玉虫色の解決を可能にします。実務では、調停でも裁判における和解でも、解決金という言葉がひんぱんに使われています。実を取るという意味では便利な言葉です。

しかし、もしきちんとモラ夫の責任を明確にし、慰謝料であることを確認したいと思う場合は、裁判所で判決をもらってください。判決はこのような玉虫色の解決は決してせず、モラハラについて白黒をつけ、黒となれば慰謝料額を認定してくれます。

ただ残念ながら、モラハラで裁判所が認定する慰謝料額は、あまり高くありません。現在のところ一般に一〇〇万円から三〇〇万円の間のようです。

●年金分割

平成一九年四月に始まった離婚時年金分割制度は、夫婦の一方か双方が、厚生年金または共済年金に加入しているか過去に加入したことがあれば、離婚したときに、その年金を分割することができる制度です。

年金分割では、支給される年金額を分割するのではなく、年金額の算定の基礎となる保険料納付実績（厚生年金では保険料納付記録、共済年金では掛金払込記録）のうち、婚姻期間中の部分を分割します。その結果、分割を受けたほうが年金を受給できるようになったときに、自分の年金として、分割した保険料納付実績をもとに算定された年金を受給できることになります。

手続きの期限は離婚成立後二年以内で、双方が合意して作成した公正証書、または家庭裁判所における調停調書、審判書、判決書のいずれかが必要となります。

分割割合は「最大五割」となっていますが、通常、裁判所は五割という判断を出しています。

父親は子どもに会う権利がある？

離婚も子どもの親権を渡すことも拒否していたモラ夫が、突然態度を変え、離婚に応じる、親権者を母親にすることも認める、ただし子どもと定期的に面会させろと要求してくることがあります。

このような場合にどう対応すべきかは、非常に難しい問題です。二つのケースに分けて考えてみましょう。

(1) 早期の離婚を強く望んで、面会を承諾した場合

モラ夫がようやく離婚に応じてくれたことに喜び、早期解決をあせって、子どもとの面会を簡単に承諾してしまいますと、次のような問題が生じることがあります。

◎子どもがまだ幼くて、面会場所まで母親が連れていかなければならない場合、モラ夫と顔を合わせることになり、大変なストレスになる。

◎離婚後もモラ夫を恐れて住所を隠している場合、子どもが片言でもしゃべるようになると、モラ夫が子どもから保育園名や担任名を聞き出して、最終的には住所を突き止めてしまう。

◎モラ夫が子どもとの面会を通じて、相変わらず母子を支配し続ける。面会の日時場所を決めるにあたり、自分の都合ばかりを押しつけたり、面会で子どもの成長ぶりを細かくチェックして、後でああしろこうしろ、母親失格だ、などと干渉してくる。

◎たとえば、モラ夫の要求通り週一回の面会を認めた場合、母親は毎週モラ夫の指示に振り回され、子どもも毎週父親の質問責めにあって疲れ切ってしまう。

◎子どもの病気や学校行事やお稽古事などを理由に、決められた面会を断るとトラブルになる。モラ夫のなかには代替日を求め、もし応じなかった場合は慰謝料請求訴訟を提起したり、間接強制という法的手続きに訴えたりと、とことんやる人もいる。

子どもとの面会交流は、モラ夫の場合これだけの危険性をはらんでいることを意識し、離婚の条件として決して気軽に承諾しないでください。

(2) モラ夫と子どもの面会を強く拒否した場合

モラ夫に子どもを会わせたくない。これは前述のようなさまざまな危険を考えると、当然の気持ちといえます。しかし裁判所は母親の気持ちをそれほど大事にしてくれません。

裁判所は何よりも、子どもの福祉を重視します。つまり、子どもの幸せです。そして、子どもの成長にとって、父親と交流したり、父親がどういう人物かを知ることはとても重要なことで、父との面会交流は子どもの幸せにつながると考えています。父と会うこと、父を知ることは、子どもの権利なのです。

そして、たとえ父親がモラ夫であっても、面会時間内に子どもに直接危害を加える危険性がない限り、父子を会わせることを基本方針としています。

ですから、モラ夫が離婚調停や離婚裁判の和解の席で子どもとの面会を条件に離婚に応じると言い出したとたん、裁判所は母親に、この条件をのんで離婚するよう徹底して説得してきます。モラ夫が面会交流を求めて別途調停を申し立てたときも同様です。

たしかに、どんな父親であっても、お父さんはお父さん。子どもはお父さんを慕う気持ちを失ってはいません。今のお父さんを恐がっていても、やさしいお父さんに変身することを期待し続けています。本音で面会が絶対いやと言う子どもは、むしろ少数です。

子どもがお父さんに内心会いたがっているのであれば、子どもの幸せを願う母親としては、会わせてあげたいと思うでしょう。しかし、そうは言っても、ここで面会を認めてしまうと、モラ夫の支配は止まりません。

ではどうしたらいいでしょうか。

本当に悩ましい問題で、オールマイティの解決策はありません。ただ一ついえることは、子どもの面会交流を強く説得してくる裁判所に、どうして簡単には応じられないのか、**何が心配なのか、どんな危険が予想されるのか、とことん説明することです。**裁判所はその心配や危険をクリアするための労力は惜しみません。

モラ夫を指導したり、裁判所での試行的な面会を一回のみならずおこなったり、面会の回数を減らすようモラ夫を説得したり、面会をサポートしてくれる民間機関の利用を勧めたり……。母親が安心して面会を承諾できるまでいろいろと手を尽くしてくれます。

その結果、もし回数、時間、連絡方法など、どこから見ても安心できる面会条件を獲得できたなら、離婚、親権と引き換えに面会に応じてもよいと思います。

もし安心できなかったら、断るしかありません。断ったら、モラ夫は怒るでしょうから、調停離婚や和解離婚という、話し合いによる離婚は難しくなるかもしれません。しかし、面会について決めないまま、判決を得て離婚することは十分可能です。一般に、**離婚**

裁判では、面会交流についてまで判断しないからです。

面会に固執するモラ夫は、子どもとの面会交流を求めて離婚裁判とは別に調停を申し立てるかもしれません。その調停でも母親が父子の面会を拒絶すれば、調停は不成立となって審判に移行します。調停でも審判でも、裁判所は十分に母親の心配を考慮してはくれますが、最終的に、子どもとの面会を認める審判が下される可能性は大です。もしそのような審判が出たら、母親は従わなくてはなりません。

しかし、審判通り面会を何度かして、もし子どもの心身に悪影響が出たような場合は、それを根拠に、面会条件の見直しを求めて、今度は母親から面会交流調停を申し立てることができます。

調停を申し立てるための準備

モラ夫の脅し文句の一つに「……しないなら離婚する。調停を申し立ててやる」というのがあります（妻が内心、離婚したい場合は脅しにはなりませんが）。こう言われると、調停というのは、有無を言わせず離婚に追いつめる恐ろしい手続きのように聞こえます。

しかし、心配はいりません。調停というのは、数ある法的手続きのなかでも、もっとも市民にやさしく親切な手続きの一つです。

夫婦に関する調停としては、夫婦関係調整調停（離婚、円満、別居のいずれを求めてもよい）、婚姻費用分担請求調停、養育費請求調停、財産分与請求調停、年金分割調停、婚姻費用や養育費の増額（または減額）請求調停、慰謝料請求調停、親権者や監護者の変更調停、子どもとの面会交流調停、離婚後の紛争調停などがあります。

いずれも相手方の住所地を管轄する家庭裁判所の受付に申し立てます。郵送でもかまいません。

提出書類は最低限、申立書と戸籍謄本ですが、家庭裁判所によっては他の書類も必要となりますので、受付かウェブサイトで確認してください。

年金分割も一緒に請求する場合は、年金分割のための情報通知書が必要となります。これは年金事務所や共済組合に申請すると、郵送してもらえます。

申立書は裁判所が作成している書式に記入したり、レ点でチェックすればできあがりです。書式は裁判所のウェブサイトからダウンロードすることもできますし、家庭裁判所の受付でもらうこともできます。

なお、平成二五年一月から施行となった家事事件手続法により、原則として調停申立書の写しが相手方に送付されることになりました。

もし申立人が、申立書には書けないもっと詳細な事実を調停期日前に裁判官や調停委員に説明しておきたいと思う場合は、非開示希望を明記した陳述書などを提出するようにしてください。

申立費用は印紙代が一件一二〇〇円、切手代が一〇〇〇円程度です。切手代は裁判所ごとに扱いが異なりますので、申立ての際に確認してください。

申立書が受理されますと、裁判所から申立人に期日調整の連絡が来ます。第一回調停期日は、申立日の約一ヵ月後になるのが通常です。

調停は一回二時間程度、通常は午前一〇時から一二時、午後一時半頃から三時半頃まで、午後三時から午後五時までです。

調停は一回で決まることはめったになく、その後も一ヵ月に一回程度の頻度で続きます。回数に制限はありませんが、これ以上話し合ってもまとまりそうもないと裁判所が判断したときは、調停不成立として打ち切られます。

モラハラ離婚の場合は、モラ夫を説得するのが困難なため、調停不成立になることはよくあります。

調停はこんなふうに進む

調停の進み方について、具体的にご説明しましょう。

妻が申立人になってモラ夫に対し離婚調停を申し立てたとします。

申立人の要望により、裁判所は調停期日の開始時間と待合室の階を申立人と相手方でずらしてくれます。これは、申立人と相手方が鉢合わせしないための配慮です。たとえば申立人は一〇時に一階申立人待合室に、相手方は一〇時半に三階相手方待合室にと別々に呼び出すわけです。

特別な事情、たとえば申立人がシェルターに避難中で、相手方が探偵をつけて所在を探していて尾行される危険がある場合などは、一回目は相手方を呼ばず、申立人のみを呼び出して事情を聴取してくれる場合もあります。

申立人が指定された待合室で待っていますと、開始時刻に調停委員が呼びに来ます。調停委員について調停室に入りますと、大きなテーブルが真ん中にあって、向こう側には調停委員が二人座ります。この男女各一人の調停委員と裁判官一人、計三人が調停委員会として担当する調停を進めていくことになります。

ただし、裁判官は通常は調停には立ち合いません。調停委員からの報告を受けて進行について指示をしたり、法的アドバイスをしたり、成立・不成立の際やその間際などの難しい局面に立ち合うだけです。

さて、この男女ペアの調停委員ですが、いろいろな経歴の方がいます。現役の専門職や弁護士もいれば、元公務員、民間企業を定年退職された方、専業主婦もいます。みなさん調停委員になってから研修を受けてはいますが、その多くは法律のプロというわけではありません。法的判断が必要な場合は裁判官が登場します。

調停委員は、両当事者の気持ちと要望に耳を傾け、理解し、当事者と一緒に解決策を模索し、両当事者が納得する調停成立を目指すのが仕事です。ですから、調停委員は、世話好きな近所のおじさん、おばさんと考えて大丈夫です。リラックスしてのぞみましょう（ただし、当事者の話を公平に聞けない調停委員にあたってしまうこともないとはいえません。その場合の対策については１８６ページ参照）。

基本的には何を話してもかまいませんが、相手方には伝えてほしくないと思えば、調停委員にそう言ってください。秘密は守ってくれます。

裁判所によっては、調停の始めと終わりに当事者双方同席のうえ調停委員が手続きの説明や進行の確認をしますが、モラ夫との同席が耐えられない場合は遠慮なくそう言ってください。別々に説明してくれます。説明後、まず三〇分ほど申立人が調停室に入って話を聞いてもらい、次は相手方の番です。そのあとまた申立人が呼ばれて、相手方の意向を調停委員が伝えてくれます。時間はなるべく公平にと調停委員が配慮してくれます。

調停委員は双方の話を聞いて争点がほぼ把握できたところで、双方に宿題を出します。たとえば、離婚請求の申立人には、離婚ではなく当分の間の別居ではだめなのか、離婚拒絶の相手方には、離婚を受け入れることはどうしてもできないのか十分考えてくるように、などです。

そして約一ヵ月後の次回の調停期日を決めて、その日の調停は終了します。その際、妻がモラ夫との鉢合わせを恐れている場合は、終了時刻をずらし、妻を先に帰してくれます(この配慮をしてくれない場合は、申し入れてください)。

このような調停を何回か繰り返し、当事者双方が納得すると、調停が成立します。

その場合は合意できた内容を裁判所が文書化し、調停調書をつくってくれます。**調停調書は公正証書や判決書と同じで、もし相手方が調停調書に記載されている養育費や解決金支払い義務などに違反すると、強制執行手続きが可能となる、強い効力を持つものです。**

このように、調停はあくまでも当事者の話し合いの場であり、恐れる必要はありませんが、調停が成立した場合、その効果は判決同様、強力なものになります。

ですから、調停がまとまりそうであれば、その内容を慎重に決めることが大切です。

column

子どもに離婚をどう説明するか

モラ夫と暮らした家を離れる決心をしたとき、離婚調停・裁判が始まったとき、そして離婚が決まったとき、子どもに何をどう伝えるかについて多くの女性たちが悩みます。

子どもの年齢が高ければ高いほど、すでに両親の不仲を理解していることが多いです。子ども自身が父親から暴言を吐かれたり、虐待的な扱いを受けたりしている場合もありますし、母親が被害にあっているところを目撃したり耳にしたりしているので、別居の時点で離婚についてもある程度は予想がついています。ですので、離婚に関しては母親が悩むほど説明を必要としないように思います。

だからといって、子どもが親の離婚を了解しているかというと、そうでもありません。とくに自宅の転居や転校は、子どもにとっては一大事です。転居によって大切な友達や学校、慣れ親しんだ環境と別れることに不安を感じるでしょう。なかなか納得できないかもしれません。

しかし、離婚（または離婚を前提とした別居）は、悩みに悩んだ末に出した決断でしょうから、決断までのプロセスや理由を、どうぞ自分の言葉で子どもに話してあげてください。

その際、「父親のことを悪く言わないほうがいい」とモラ夫をかばいすぎると、子どもの理解は得られません。逆に絶対悪としてしまうと、子どもは自分の一部を否定されたように感じるかもしれません。

注意が必要なのは、子どもによっては、「親の不仲や離婚は自分のせいだ」と思っていることです。「もっと自分がいい子だったら、お父さんとお母さんは離婚しなかった」と。

「これは夫婦の問題。あなたが悪いんじゃない」と言ってあげてください。子どもが自責感を持たないように、「あなた（子ども）のために別れた」などと、子ども本人にはもちろん、誰かに話したりするのも禁物です。意外なところで、子どもは親の話を聞いてしまうことがあります。

「ごめんね、ごめんね」と子どもに謝る人がいます。子どもを片親にしてしまった、転校させてお友達と離ればなれにさせてしまった、子どもに不憫《ふびん》な思いをさせたと、つい謝ってしまうのですが、謝られても子どもの気持ちは救われません。お母さんに悲しい顔で謝られると、よけいにつらくなってしまいます。

これまで長い時間、迷い、悩み、我慢もし、いろいろな思いをした結果、未来を信じて決めたことです。先のことを考えると不安だらけかもしれませんが、これでよかったと思える決断をしたはずです。自信を持って子どもに向き合いましょう。
なるべく感情的にならずに、淡々と事実を伝えるのがよいのではないでしょうか。時間の経過とともに、子どもが成長するにしたがって、父親の特異な性格や離婚に至った事情を理解する日がきっときます。

（本田）

7章 離婚調停・裁判中の心構え

自立して生活を始める

モラ夫から逃れてひとまず安全が確保されたら、次に必要になるのは生活の再建です。モラハラの加害者と被害者は、子どもやその他の家族・親族、住まい、友人、生活している地域社会を含めて、私生活の多くを共有しています。そのために、モラ夫から離れて安心して暮らしていくためには、それらのすべてを捨てざるを得ない場合もあります。

「被害者のほうが家を離れ、すべてを失って、モラ夫はそのままのうのうと暮らしているなんておかしい！」と腹立たしく思う気持ちはもっともです。同伴する子どもにとっても大きな環境の変化となります。でも、そうすることが、あなたにとっても子どもにとってもいちばんだと判断したからこその選択だということを思い出しましょう。

ＤＶ被害から逃れて現在自立して生活している、または自立に向けて生活している女性を対象に、平成一八年におこなわれた内閣府の調査があります（配偶者からの暴力の被害者の自立支援等に関する調査）。「加害者と離れて自立を始めるにあたって、どのようなことに困難を感じたか」という質問に対する回答で、いちばん多かったのは、当面の生活費など経済的な不安、次に多かったのは、心身の健康に関する不安でした。

さらに、見逃せない点が二つあります。一つは、夫への恐怖心です。「住所を知られないようにするために住民票を移せない」（五二・六％）、「相手が怖くて家に荷物を取りに行けない」（四八・一％）、「相手からの追跡やいやがらせがある」（三三・七％）と、夫の追跡から逃れるために身を隠し、荷物を取りに家に戻ることもできずに不便な生活を強いられている状況がうかがえます。モラ夫の性格傾向によっては、ストーカー化するなどの危険性があり、裁判所による保護命令の発令が必要になる場合もあります。

もう一つは、離婚手続きに関する不安です。半数近く（四八・九％）の人が「裁判や調停に時間やエネルギー、お金を要すること」と答えており、ほかにも「相手が離婚に応じない」（三三・八％）や、子どもの親権の問題（二一・七％）など、離婚に関連する事柄が複数挙げられており、離婚はしたいけれども、簡単にはいかないという状況がうかがえます。

離婚調停・裁判中の心の問題

モラハラやDVがあった夫婦間では、離婚の条件について対等に話し合い、合意に達するということがきわめて難しいのが現実です（それができれば初めから苦労はないともいえますが）。したがって、双方の話し合いによる協議離婚が不調に終わり、調停や裁判に持ち込まれるケースは多いです。

離婚調停や裁判は、日常と大きく異なる体験であり、新たなストレスが加わります。また調停のときに、家を出て以来会っていない夫と裁判所で会うのではないかと怖い、裁判で尋問となったら、たとえ衝立《ついたて》があっても、反論すれば後で仕返しされるのではないかと恐ろしくなるなど、想像するだけでも苦痛の連続です。

「もう離婚さえできればあとは何もいりません！」と言って逃げ出したくなる気持ちもわかります。実際、相手の言いなりになって不利な条件をのんで協議離婚ですませてしまう人もいます。しかし、子どもの親権や養育費、面会などを争う場合は、つらくても現実に向き合う必要があります。厳しい状況ではありますが、自分と子どもの将来のために、ここはなんとか頑張りましょう。

離婚に際して、投げ出さずに調停や裁判に取り組み、基本的な権利を獲得することは大切です。また、モラ夫との最後のやりとりで、相手の主張ばかりが通り、自分の意思に反した形で別れると、「最後までやられっぱなしだった」と自己評価が下がる原因になり、その後の人生に大切な自立心や自己回復を妨げることにもなりかねません。

実際に、「離婚さえできれば何もいりません！」と言っていた人も、前向きに取り組むことができ、自信を取り戻し始めると、「やっぱり子どもは手放したくないし、養育費は必要。私だってこれから生きていくのにお金は必要だし」と、年金分割や財産分与のことなども現実的に考えられるようになっていきます。

離婚調停や裁判中のつらい体験

それでは、実際に離婚調停や裁判を経験した人たちは、どのようなことがもっともつらかったのでしょうか。代表的なものを挙げて説明し、対策について簡単に触れておきます。

（1）調停や裁判で夫に会うのが怖い

家を出て以来会っていない夫が、裁判所にいる。そう考えると、最寄りの駅や裁判所の入り口で待ち伏せしているのではないか、何か言われたりしないかと怖くなります。

調停の場で、部屋への出入りの際やトイレに行くときなど、廊下でもし夫に鉢合わせしたらどうしようという恐怖で神経がピリピリして、緊張します。

夫が話している時間が長いと、いったい何を話しているのだろう、私の悪口を言っているのではないか、夫は弁が立つので調停委員が夫を信用してしまうのではないか、私を母親失格だと言って、子どもを奪うのではないか……などと不安がふくらんで、いてもたってもいられなくなります。

でも、心配しないでください。調停がどのような場なのかは、6章を読んでいただければ想像がつくと思います。このような公の場で、**モラ夫が自分に不利になること、たとえばあなたのところに来て言いがかりをつけたり、むりやり連れ去ろうとしたりするとは、現実にはまず考えられない**と思います。頭ではそうわかっていても怖さが消えるわけではありませんが、この時点では、頭だけでもわかっていることが大事です。

（2）調停委員につらさをわかってもらえない

幼い子どもとのひんぱんな面会を要求してきたモラ夫。

面会のたびに、モラ夫が待ち合わせの時間や場所、持ち物の準備まで、細かくメールや電話で指示してくるのが目に浮かぶようです。せっかく家を出たのに、これではモラ夫の支配が続いてしまう……そう思って面会をいっさい断ったら、調停委員から「ご主人もお子さんに会いたがっているんだから。お子さんだってお父さんに会う権利があるじゃない？　少しは考えてあげたら」などと、まるで妻のわがままで夫と子どもを会わせないと言っているように言われてショックだった、という訴えを聞くことがあります。

このような場合、自分で調停委員に説明するのは大変です。ＰＴＳＤなどの診断があるなら、あらかじめ診断書などを提出し、夫に会うことや、夫との接触で具合が悪くなることを説明して配慮してもらいましょう。

もし、調停委員の発言が公平でないと感じたら、勇気を出して、その場で率直に調停委員にそう伝えましょう。調停委員は、その気持ちを受け止め、公平でないと思われないよう、その後は気をつけてくれるはずです。

率直に言うのがためらわれる場合、または言っても改善が見られない場合は、その事件を担当する裁判所書記官に話してください。書記官から裁判官を通じて調停委員に伝わるはずです。

それでも改善が見られず、調停委員に会うのも耐えられなくなった場合は、弁護士にすべてを任せ、本人は欠席して調停を進めることもできます。または、一度調停を取り下げ、後日、再度調停を申し立てることもできます。その際、前と同じ調停委員が担当しないよう、取り下げの理由を明記しておくとよいでしょう。

ただし、このような調停委員は、いるとしても一部であり、多くの調停委員は、公平な立場で、適切に職務を遂行しているといえます。ですから、調停を恐れる必要はありません。家事調停は、当事者の自主的解決方法の一つとして、信頼に価《あたい》する、大変優れた制度であることは確かです。

(3) 弁護士にわかってもらえない

トラウマ体験を思い出すと苦しいので、多くのモラハラ被害者はそのことを思い出さないようにして日々暮らしています。

ところが、調停や裁判の準備を始めると、自分が依頼した弁護士にモラ夫から受けた被害について説明しなくてはなりません。

陳述書の作成では、なるべく「具体的に」「詳細に」「客観的に」と弁護士に言われます。しかし、いざ書こうとすると、それまでなるべく考えないようにしていた夫との生活や過去の出来事が一気に思い出されてきて、そのとき夫が言ったことや顔つきなどがリアルによみがえってしまい、とても陳述書どころではなくなってしまったりします。

思い出せない部分があって、きちんと説明できない、ということもあります。トラウマ体験の記憶は、順番がごちゃごちゃになっていたり、断片的になっていることがよくあるのです。

そうこうしているうちに日にちが過ぎて、弁護士から電話で「できましたか」「いつできますか」と聞かれます。調停も裁判もスケジュールが決まっていますから、決まった日までに書面の準備をしないと、弁護士もどうやって相手と闘うか、策を練ることができないのです。

しかし、「いつできるんですか」と言われると、追いつめられるような気持ちになる、自分のために進めようとしてくれているんだからと言い聞かせても、なかなか準備が進まない、弁護士から電話やメールがあると、ドキドキして避けてしまう……ということもあるでしょう。

こんなときは、完璧な陳述書を書くことにこだわらず、昔書いたメモなどで代用するのも一つの方法ですし、カウンセラーなどに話を聞いてもらいながら、自分のペースで少しずつ進めるという選択肢もあります。

期日に間に合わなくなりそうなときは、ギリギリまで放置せず、なるべく早めに弁護士に連絡して、状況を正直に伝えて相談しましょう。

(4) 男性が怖い

弁護士、調停委員、裁判官、その他、司法関係者が男性である場合も当然あります。信頼できる弁護士さんだとわかっていても、打ち合わせで二人きりになると落ち着かない、声が大きいと緊張する、強い口調で質問されると冷や汗が出てくるなど、身体的な反応が出る人もいます。

どうも男性が苦手になっていると思ったら、初めから女性の弁護士を選ぶとよいでしょう。あるいは、事情がわかっている人に頼んで、打ち合わせに同席してもらうと安心できるかもしれません。

(5) 打ち合わせで頭が真っ白になってしまい、後で覚えていない

弁護士との打ち合わせ中、夫の言動や自分が受けた被害について話したり聞いたりしているうちに頭がぼんやりしてきて、霧がかかったようになったり(解離症状と思われます)、難しい言葉や文章が続くので、だんだん頭が疲れてしまい、話についていけなくな

ったりします。また、書類を一週間後に準備するようにと言われて、そのときは返事をしても、家に帰るとすっかり忘れている……そんなこともよくあるようです。

打ち合わせに自信がないときは、ノートを一冊用意して、忘れそうなことはなるべくメモをとり、記録を残しましょう。書類の必要な箇所には付箋を貼れば目印になります。最近は携帯電話に録音機能がついているので、大事なことはその場で録音するのもいいかもしれません。

あるいは、誰か信頼できる人に同席してもらい、重要なことはメモしてくれるよう、お願いするといいかもしれません。

(6) 法律事務所からの封書を開封できない、文書が読めない

弁護士から送られてくる封書が開けられずに、持ち歩いている人がいます。夫がまた何か言ってきたと思うと、怖くて開けられない。一人のときに開けてパニックになったらどうしようと不安なのです。

封が開けられないくらいですから、書面(陳述書・反論書)を読むのはもっと大変です。書面は夫側の弁護士がまとめているにもかかわらず、夫らしい言葉づかいや言い回し、夫独特のこだわりが随所にあって、書面が夫そのもののように思えてきます。くどい

タイプならくどくどと、ねちっこいタイプならねちねちと書かれているわけです。

弁護士や他人にはわからなくても、自分にはわかる「夫らしさ」がリアルに伝わってきます。「またこんなことを言ってる」「また私を責めてる」という気持ちになって、頭がしびれてきたり、耳鳴りがしてきたりと身体症状が出てくる、字面《じづら》を目で追うだけで文章の中身が頭に入ってこない、意味が理解できない、一人で読みたくない……そんなときも、誰か事情がわかっている人がいるところで封を開け、一緒に読むと、気持ちのうえではだいぶ楽だと思います。

(7) 法廷で話すのが怖い

慣れない裁判所に出向くことも、夫に会うことも避けたいのに、尋問を受けて口頭陳述なんて無理、と思う人も少なくありません。何か言ったら、裁判が終わった後で相手に仕返しされるのではないかと怖がる人もいます。

しかし、尋問は自分の言葉で考えを述べる機会でもあるのです。本当に言いたいことはありませんか。相手に伝えたいこと、裁判官をはじめ、関係者にわかってもらいたいことはありませんか。上手な演説を求められているわけではありません。下手でもかまわないのです。勇気がいることですが、自分なりに思ったことを言ってみるチャンスでもあります。

事前に、自分に起こったことやそのときの気持ちを誰かに話す練習をすると、意外と本番でうまく話せるようです。カウンセリングの時間を使って何度も練習をすると、最初はうまく言えなかったことも、だんだん自然に表現できるようになります。

勇気を出した結果、裁判官の前で自分の気持ちが話せた、理解してもらえたと感じた、そういう経験が、自信の回復にもつながるように思います。

(8) 調停や裁判でくたくたになり、家事や育児ができない

これも多くの人が経験することです。この期間中、理想の母はしばし棚上げして、手抜きできるところはしましょう。お惣菜《そうざい》を買うもよし、冷凍食品のお世話になるもよし。

家事や育児を頼める人が近くにいないとき、「ファミリーサポートセンター」という一時的に利用できるサービス（有料）がある自治体もあります。シルバー人材センターなども、比較的利用しやすい料金でお願いできるようです。

利用するかしないかは後で決めるとして、どんなところが利用できるのか、費用はどのくらいか、前もって必要な手続きはないか、情報収集だけでもしておくと、いざというときに役立ちます。

（9）自宅に荷物を取りに行くのが怖い

三ヵ月もすれば季節が変わり、家を出たときに持ってきた服では間に合わなくなります。夫さえ同意すれば、弁護士を通じて荷物を取りに帰る日を設定してもらい、その日は夫が家を不在にするように手配してもらうことができます。**調停や裁判中に約束違反をすると自分の立場が不利になりますから、モラ夫も約束を守るでしょう。**

しかし、夫がいないとわかっていても、家に戻ると、いろいろなことを思い出して具合が悪くなりそうで心細くなるものです。こんなときは無理をしないで、誰かに一緒に来てもらいましょう。できれば車の運転ができる人だと、荷物をたくさん持ち出せるのでいいですね。

なるべく短時間に効率よく持ち出せるように、必要なものは思い出せる限りリストアップしておきましょう。子どもにも希望を聞いておきましょう。大人が思いつかない、大事なものがあったりします。持ち出せない場合は、段ボール箱に詰めて、運送業者に取りに来てもらう手はずを整えると、何度も行かなくてすみます。

調停や裁判の期間は短い場合もあれば、数年に及ぶ場合もあります。その間、期日が近づくたびに不安定になったり、落ち込んだり、弱気になったりと気持ちの変動があるでしょう。一人で頑張りすぎないで、適当なサービスや支援があれば利用しながら、負担を軽減する方法を選んでください。薬を飲んでいる場合は主治医に事情を話して、量や飲む時間を調整してもらうといいでしょう。この時期のカウンセリングは、裁判の期日に合わせると、安心感につながります。

また、調停中や裁判中は緊張を強いられる場面が多いので、**一日に一回は緊張をやわらげるリラクゼーションを取り入れましょう。**軽いスポーツ、好きなお笑い番組を見て笑う、おいしいものを食べる、お気に入りの入浴剤を入れてゆっくりお風呂に入る、カラオケで思いっきり歌うなど、気分転換につながることなら何でもいいのです。そんな気分になれないと思うかもしれませんが、できることでいいのです。自分なりのリラックス法があれば、それを実行してください。

反対に、お勧めできないのは、お酒や栄養ドリンクに頼ることです。タバコもいつの間にか量が増えてしまうようです。健康を害する習慣には気をつけてください。

モラ夫の逆襲に備える

子どもを連れて家を出てから、あなたは引っ越しの荷物を片づけたり、経済的な問題の手当てをしたり、子どもの学校のことなど、たくさんの仕事をこなすのに疲れてしまい、子どもの気持ちまで考える余裕がなくなっているのではないでしょうか。

そして、つい「宿題しなさい！」「勉強しなさい！」「ご飯食べなさい！」「早く寝なさい！」と怖い顔で命令ばかりしていませんか。最近、子どもの話にゆっくり耳を傾けることを忘れていませんか。

そんなとき、子どもの年齢にもよりますが、モラ夫は子どもを呼び出して、お小遣いを渡したり、母親が買えないような高価なプレゼント（ゲーム機など）を与えたり、遊園地に連れて行ったり、子どもが喜びそうなことをします。そして、こう言うのです。

「お父さんは謝ったけど、お母さんが許してくれないんだ」

「お父さんは〇〇ちゃんと一緒に暮らしたいんだよ。でも、お母さんはお父さんのことが嫌いなんだ」

「〇〇ちゃんに会いたかったよ。お父さんは一人でさびしくて、泣いちゃうこともあるんだ……」

あたかも自分のほうが傷ついた被害者であるかのように振る舞い、子どもの気を引きます。なかには、ひらがなを覚えたばかりの子どもに「おとうさんとくらしたい」などと書かせて、裁判で提出してくるモラ夫もいるようです。

別居してから、婚姻費用（生活費）は払わないのに、子どもの前ではいい顔をするモラ夫。子どもはモラ夫の演技にだまされて「お父さんと暮らしたい」と言い出しかねません。

子どもにとって必要なのは、そばにいて一緒に喜んだり、笑ったり、必要なときは怒ってくれ、危険から守ってくれる人。子どもの幸せを願っている人です。一時的な感情や自己中心的な考えからでなく、子どもの立場になって考えることができる人。それはあなたですよね。**モラ夫の逆襲にあっても動揺せず、落ち着いて対処しましょう。**

離婚裁判では、子どもが一五歳になると、裁判所は両親のどちらと暮らしたいか子どもの意思を聞くことになっています。その際、母親との関係が悪くなくても父親と暮らすほうを選ぶ場合がありますが、「モラ夫に子どもを取られた」「負けた」「裏切られた」と考える必要はないと思います。子どもなりの考えがあっての選択であり、自立心が順調に育っている証拠かもしれません。

しかし、まだ支配されることの恐ろしさを理解できない年齢である場合もあります。「必要なときはいつでも力になりたい」「ご飯を食べに来てほしい」「一緒に暮らしたいと思っている」ことなど、あなたの気持ちを率直に伝えておきましょう。今はわからなくても、母親を必要とするときがいつ訪れないとも限りません。たとえば、モラ夫が新しい女性と暮らし始めたときなど、状況が変われば子どもはあなたと暮らすことを望むかもしれません。いつでも相談できるよう、住所が変わったときは連絡先を伝えておきましょう。

自分なりのモラ夫との別れ方

苦しいことの多かったモラ夫との結婚生活。いよいよ最終章です。

金額や条件にかかわらず、「いろいろあったけど、最後は自分らしく別れられた」「相手の言いなりにならなかった」と思えることが大切だと思います。

一人一人、モラ夫との別れ方は違います。民事事件の裁判のような勝つか負けるかという考え方は、離婚の場合にはそぐわない気がします。金額や形式上の勝ち負けにこだわると、現実的な解決策を見失いがちになります。

「負けるが勝ち」「名を捨てて実をとる」というように、できるだけ柔軟に、自分にとって何がいちばん大切かをよく考えて、自分で意思決定の舵《かじ》をとることで、**「自分はやるだけのことはやった」**と思えるようです。その思いが、離婚後の心の支えになっていくように思います。

慰謝料やいろいろな要求、戦略については弁護士に任せるとして、筆者が離婚調停や裁判中のモラハラ被害者のカウンセリングを引き受ける際には、その人が自分で意思決定ができることを目指します。クリニックに勤めているとき、裁判の期日が近づくたびに具合が悪くなる人を数多く見てきたからです。夫への恐怖のあまり、「離婚さえできれば、何もいりません」と自分の権利を行使することもできない状態に陥っている人もいました。

心理的側面から見ると、最後まで相手の言いなりになるのではなく、自分らしくモラ夫と別れることが、その人にとって真の意味で「勝つ」ことになると思います。もし、望んでいた離婚条件が何一つ思い通りにならなかったとしても、そもそも離婚を望んでいなかったモラ夫を離婚に追い込んだ段階で、あなたはモラ夫に「勝って」いるのです。

離婚が成立したら

いざ裁判が終わると、ホッとはするものの、多くの人が複雑な気持ちに襲われるようです。家を出てから離婚が決まるまでが長く、紆余曲折あった人ほどそうかもしれません。

また、ある日突然モラ夫が条件をのんで、念願だった離婚が、思わぬタイミングであっさり成立することもあります。あんなに大変な思いをしてきたのに、終わるときはあまりにもあっけなくて、拍子抜けしてしまった……そんなときも、気持ちの整理がすぐにつかないという人が多いです。

実際、離婚が決まって「おめでとうございます！」なのですが、万々歳という人はどちらかと言うと少なくて、決まった後はみなさん、「これでよかったんだろうか」「私の選択は間違いだったのではないだろうか」「別の方法があったのでは」と後悔に似た思いにしばしばとらわれるようです。「じゃ、もとに戻りますか？」と言われたら、断固「Ｎｏ！」なのですが……。

いずれにせよ、そういう気持ちは一時的なもので、新しい日々の暮らしに慣れていくにしたがって、しだいに落ち着くようです。

役所で戸籍の変更など一連の手続きをすませると、長い戦いが終わります。離婚が決まったら、ひとまず心と体を休め、いたわりましょう。お疲れさまでした。状況が許すなら、しばし休んで、これからの人生のためにエネルギーをリチャージするのはいかがでしょうか。

これまでの自分の頑張りを認めてください。あなたの意思と力で、ここまできたのです。自分の力で自由を勝ち取ったのです。よく頑張りましたね。

column

脱出をためらう被害者たち

モラハラ被害者がみな離婚を望むわけではありません。被害にあいながらも、脱出をためらう人は珍しくありません。その理由はいくつかありますが、夫から離れた後の生活の不安、子どものことなどがよく挙げられます。

しかしもう一つ、意外に思われるかもしれませんが、隠れた要因として、「妻という座を捨てることへの恐怖感」があります。ことに専業主婦の場合は、「自分は○さんの奥さん」がもっとも大きな存在意義であることが多いですから、それを捨てることは、水戸黄門が印籠《いんろう》を捨てるに等しいのです。印籠を捨てたら、黄門様がただのおじいさんになるように、奥さんでなくなった自分には何の価値もないような気がするのです。

離婚後、お店などで「ちょっと奥さん」と声をかけられたとき、「もう奥さんじゃないのに……」と後ろめたい気持ちになったと言う人がいます。また、離婚してシングルになると、たった一人の男さえ捕まえておけなかったのかという嘲笑の目で見られるような気がすると言う人もいます。

女性はたとえ仕事で成功しても、結婚していなければ幸せとはいえない、一家を切り盛りし、やさしいだんな様とかわいい子どもに囲まれているほうが幸せだという見方が、いまだに一般的です。「あの人、離婚したんだって」とランチの話題にされ、「奥さん」というファーストクラスからＬＣＣ（格安航空会社）の狭い座席に滑り落ちることへの恐怖感というのは、多くの人が、大なり小なり持っています。それが、離婚をためらわせる隠れた原因の一つです。

その恐怖感を吹っ切ったときに、本気で離婚へと一歩を踏み出せますし、そうでなければ延々と離婚できない理由を並べたてます。ここが大きな分かれ目になります。

妻の座から降りるのが怖いと感じるのは、今、自分がいる場所をファーストクラスだと思っているからです。そこがいちばんだと思わされてきたからです。

本当にそこは居心地がいいですか？　豪華な料理を食べていても、夫の怒号や厳しい視線に責めたてられ、食べた心地がしないのではないですか？　クッションのきいた広い座席に座っていても、ゆったりとくつろげていないのではありませんか？　いつも夫から指図され、夫の機嫌をうかがいながら行動していませんか？　そんな席が、快適な場所といえるのでしょうか。

ものごとを見るとき、いつもと違う角度から見ると、姿形が違って見えます。自由で気楽な席に座っている人から見れば、びくびくしながらファーストクラスに座っている人は哀れでしかありません。

●●●●●●●●●●●●

自由がなく楽しめないけれど豪華で見栄えのする旅行と、見栄えはしなくても自分の好きなところへ自由に行ける旅行、本当にあなたがしたいのは、どちらですか？

（熊谷）

8章

Q&A モラハラ離婚の現場から

離婚の決意を固めてから

Q 夫が離婚に応じないのですが、裁判にはお金も時間もかかると聞きます。裁判しないで離婚する方法はないのでしょうか?

A 協議離婚がだめでも調停離婚がありますが、調停でもモラ夫が離婚に応じないことはよくあります。本気で離婚を望むなら、裁判も覚悟のうえで一歩を踏み出しましょう。

離婚の方法には次の通り、五つあります。

協議離婚――当事者が話し合って離婚に合意した場合
⬇当事者が作成した離婚届を役所に提出する。

調停離婚――家庭裁判所に調停を申し立て、調停委員が間に入って話し合い、離婚合意に達した場合
⬇裁判所が作成した調停調書を役所に提出する。

審判離婚――調停は成立しなかったが、裁判所が離婚を審判で認めた場合
⬇裁判所が出した審判書を役所に提出する（実際にはほとんど例がない）。

和解離婚――調停不成立のため離婚裁判を提起したが、裁判手続きの中で和解が成立した場合
⬇裁判所が作成した和解調書を役所に提出する。

判決離婚――離婚裁判で裁判所が出す判決によって離婚が成立した場合
⬇裁判所が出した判決書を役所に提出する。

このように、いちばん早いのは協議離婚で、いちばん時間がかかるのは判決離婚です。

もしモラ夫が家庭裁判所が出した離婚判決に納得しない場合は、高等裁判所に控訴することができますし、高裁の判決にも納得できない場合は、最高裁判所に上告することもできます。ただ、上告しても、最高裁判所は上告の理由を憲法違反など特別な場合に限っていますので、判決内容は変わりません。しかし、上告することによって、数ヵ月間、離婚判決の確定を遅らせることはできます。

裁判になった場合、離婚判決が確定するまでには、たしかに時間がかかります。短くて約一年、長くて三年以上かかる場合さえあります。とくにモラ夫が事実一つ一つについて徹底的に争ってくる場合は、裁判が相当に長くなることを覚悟しなければなりません。

さらに、裁判をやりぬくには弁護士に頼んだほうが有利ですが、たとえ格安の法テラスを利用できたとしても、弁護士費用がかかります。

これらのことを考えますと、裁判をせずに、協議や調停で離婚が成立することは本当に望ましいといえます。

しかし、なにしろ相手はモラ夫です。理屈が通る相手ではありません。

早期解決のためには、あなたが譲りに譲って、モラ夫が気持ちよく調停や和解離婚に応じられるようにする、たとえば金銭請求をいっさいしないという方法もあります。

他方、いっさい譲らず、時間をかけてもあなたの主張が正しいことを判決で認めてもらう道もあります。

どちらを選ぶかは、気持ちや考え方次第ですが、難しい選択となります。

ただし、どんなにあなたが譲ってもモラ夫が離婚に応じない場合は、裁判しか方法がなく、実際に裁判になるケースは、モラハラの場合、かなり多いといわざるを得ません。裁判と聞くと気が重くなるかもしれませんが、前に述べたように、別居さえ続いていれば必ず裁判所は離婚判決を出してくれます。勇気を出して一歩を踏み出してください。

＊＊＊

Ｑ　夫は離婚に応じず、「調停したって出ない」と言っています。どうしたらよいでしょうか？

Ａ　何の心配もいりません。予定通り離婚調停を申し立ててください。
モラ夫は「調停には出ない」と言っていても、家庭裁判所から第一回調停の呼出状が来ると、案外あっさり調停に出頭します。そこで自己正当化論をとうとうとまくしたてるのが、モラ夫の一つの行動パターンです。

もし、本当に調停に出頭しなかった場合は、裁判所は次回調停期日を決めたうえで、相手方に次回調停期日への呼出状を出し、事案によっては裁判所調査官が直接連絡をとって、出頭を勧告することもあります。それでも相手方が無視して出頭しないような場合は、調停は不成立となります。

そうしますと、次は離婚裁判です。離婚裁判では、申立人を原告、相手方を被告と呼びます。離婚裁判で被告が欠席しても、裁判手続き上はあまり関係がありません。裁判所は、原告の主張と提出された証拠にもとづき、判決を出してくれます。むしろ被告が欠席したままのほうが、早期に判決をもらえることになります。

ですから、モラ夫の「調停したって出ない」という発言は、脅しになりませんので、気にする必要はまったくありません。淡々と手続きを進めていきましょう。

＊＊＊

Q　夫は給与明細を見せないし、貯金があるかどうかもわかりません。財産分与を請求できるのでしょうか？

A　できます。資産状況がわからず、申立時に請求金額を特定できなくても大丈夫です。裁判所の調査で財産分与対象額が判明してから、その半額を請求できます。

モラ夫の特徴の一つとして、経済的支配があることは前述した通りです。

モラ夫は、自分の給料額を妻に示さず、毎月勝手に決めた低額の生活費を手渡ししたり、買い物の領収書を細かくチェックしたうえで必要と認めた金額のみを手渡ししたりと、経済的に厳しく支配してきます。

給料額や貯蓄額、資産の運用状況などを聞こうものなら形相が変わるのは明らかなので、その恐ろしさゆえ、まったくわからないまま何も聞かずにやってきた妻たちは本当に多いです。

妻が離婚を求め、調停や裁判となり、そこで財産分与が争点となった場合、結婚してから破綻（別居）に至るまで、どれほどの財産が形成されたかが問題となります。一般にモラ夫は、収入も形成した資産額も隠し続けようとします。しかし、裁判所には、財産調査が必要となれば調査する権限があります。勤務先、金融機関、証券会社、保険会社などに依頼して、収入額や財産額を徹底して調査できます。

ですから、モラ夫の経済的支配により、婚姻中の経済面についてまったく把握できていなくても、自信を持って財産分与を請求してください。

なお、申立時には請求金額を特定する必要はありません。まずは財産分与として「相当額」を請求しておき、調査によって対象となる財産額が判明した段階でその半額を算出し、それから裁判所に特定した金額を提示すればよいことになっています。

別居してから

Q　別居後、夫から「勝手に出ていったんだから、金はやらない」とメールが来て、不安です。どうしたらいいでしょうか？

A　心配ありません。むしろそのメールはモラハラの証拠としてとっておきましょう。

「勝手に出ていったんだから、金はやらない」これもモラ夫の決まり文句です。たんなる脅しに過ぎず、法的には通用しません。

まず、妻は「勝手に出ていった」のではありません。何とか踏みとどまろうとしたものの、夫のモラハラに耐えかね、これ以上同居していると自分（と子ども）がつぶされてしまうことに気づいて、やむなく家を出るに至ったのです。

家を出た原因はモラハラ、つまりモラ夫にあり、そのことで妻がモラ夫に責められるいわれはまったくありません。

妻がモラハラに耐えかねて家を出、離婚請求し、その際に養育費（離婚前は婚姻費用）、財産分与、慰謝料を請求するのは、きわめてノーマルなことです。モラ夫がいくら「金をやらない」と宣言したところで、モラ夫の思い通りにはなりません。


によって、モラ夫の言葉を不安に思う必要はありません。むしろそのメールは、モラハラを示す一つの証拠に使えそうです。

どうぞ自信を持って、調停を申し立ててください。

＊＊＊

Q　夫に「出ていけ！」と怒鳴られて、着の身着のまま逃げてきました。必要な荷物をどうやって取りに行けばいいですか？

A　追い出されたばかりなら、夫の留守中に荷物を持ち出せますが、間があいてしまった場合はしかるべき手続きが必要になります。

もし夫が、モラハラにとどまらず、身体的暴力を振るうような場合は、裁判所にＤＶ防止法にもとづく退去命令を出してもらって、荷物を持ち出す間、夫を家から追い出すことができます。

しかし、モラハラのみの場合、残念ながら退去命令は出してもらえません。退去命令は、配偶者から身体的暴力または生命に対する脅迫を受けたことがあって、「さらなる身体的暴力を受ける恐れ」があることを要件としているためです。

追い出された後、間を置かずに戻って夫の留守中に荷物を持ち出すことは、もちろん許されます。しかし、別居状態がしばらく続いて安定してしまったあと、夫の留守中に荷物を持ち出すと、形式的には住居侵入罪に該当する可能性があり、夫に攻撃材料を与えてしまうことになります。

ですから、**別居状態が客観的に確定する前に荷物を取りに行ったほうが安心です。**警察の生活安全課に相談すると、間に入ってくれることもあります。もし、機会を逸してしまった場合は、弁護士に交渉してもらったり、調停の際に調停委員を通じて荷物引き取りの日程調整をしたり、引き取る荷物の範囲について夫の了解を得るほかありません。

調停離婚や和解離婚が成立する場合は、離婚という最難関問題について合意することができたわけですから、荷物の引き取りについての合意もできることが多いです。

しかし、最後まで何の合意もできず、判決でようやく離婚したような場合は、結局、荷物の引き取りについてもまったく合意ができないこともあります。その場合は、荷物をあきらめなくてはなりませんが、例外的に、子どもが成熟していて両親の間に入って話ができるような場合は、子どもがモラ夫と交渉して引き取りが実現することもあります。

また、離婚後の紛争調停といって、離婚した後に残ってしまった問題、たとえば本問のような荷物の引き取り問題について話し合うために、調停を申し立てることもできます。

＊＊＊

Q　弁護士に依頼したのに、夫が直接話し合いたいと、私の実家に押しかけてきます。どうしたらやめさせられますか？

A　周囲に協力してもらい、断固拒否してください。警察を呼んでもかまいません。

モラ夫は一般に、妻に対するコントロール力について過剰な自信を持っています。妻は必ず自分の言いなりになるという、絶対的な確信です。

ですから、たとえ妻が家を出ていって、弁護士からの受任通知を受けたとしても、まったく意に介さないことがあります。親や弁護士にそそのかされて家を出ただけであって、直接話せば必ず自分のところに戻ってくると信じて疑わないのです。

そんなわけで、たとえ弁護士からの受任通知に「今後の連絡はすべて弁護士にするように。直接本人には連絡しないように」と書かれていても、モラ夫の多くは敢然と無視します。そして、妻のいそうな場所に押しかけてくるのです。

どうしたらこれをやめさせて、弁護士が唯一の窓口であることを理解させることができるか。それには、**妻とその周囲が一致団結して、モラ夫からの連絡いっさいを断固拒否するほかありません。**

夫からの電話、メール、ファックスはすべて無視、もしくは「弁護士に連絡せよ」だけ伝える。もし家にまで押しかけてきた場合は、玄関を開けない。もし、帰るよう何度言ってもモラ夫がねばり続け、執拗に会って話そうとする場合は、一一〇番して警察に来てもらいましょう。遠慮はいりません。モラ夫の行為は住居侵入罪、不退去罪、強要罪などにあたる可能性大です。犯罪かどうかわからなくても、**一一〇番して警察に助けを求めるのは非常に効果があります。**

警察が来ると、さすがのモラ夫もおとなしくなって、以後繰り返すことがなくなるのがふつうです。

もしやめない場合は、警察の生活安全課に相談しましょう。最近ではDV防止法が浸透《しんとう》して、警察も家庭内の問題を放置せず、積極的に介入してくれることが多くなりました。ここまでしますと、さすがのモラ夫も観念して、言いたいことがあれば弁護士に連絡するようになります。そうなると、妻もその周囲も、ようやくホッとできると思います。

そのような状況に持っていくには、周囲が協力して、モラ夫を追いつめる必要があるわけです。これはそんなに難しいことではありませんが、関係者全員の、脅しや泣き落としに負けない、強い意思だけは必要となります。

＊＊＊

Q　離婚届は出せたんですが、夫が「金はやらない。養育費も払えるときだけ払う」と言って、何も払ってくれません。あきらめるしかないのでしょうか。

A　離婚が成立した後でも、養育費、財産分与、慰謝料、年金分割請求を調停などで申し立てることができます。

離婚に際し請求できる金銭的請求としては、前述のように、養育費、財産分与、慰謝料、年金分割があります。これらを離婚協議中に請求し、金額や支払い方法について話がまとまってから離婚する例が多いのですが、何も決めないまま先に離婚してしまったとしても、後から請求できます。

●養育費

離婚後でも、子どもが成熟するまでの間は、いつでも請求できます。手紙、電話、メールなどで請求してもかまいませんが、初めから養育費請求調停を申し立てることもできます。

もし調停が不成立に終わりますと、あらためて手続きすることなく、そのまま審判手続きに移行し、裁判官が双方の年収に関する証拠などにもとづき、算定表（巻末資料参照）を目安に判断します。その際、養育費請求調停申立て時にさかのぼって養育費を決めてくれますが、申立て以前の分については認めないのが原則です。

ですから、離婚後、なるべく早く養育費の調停を申し立てたほうが有利となります。

●財産分与

財産分与は離婚後でも請求できますが、財産分与請求調停は離婚後二年を過ぎると受け付けてくれません。

また相手方が、財産分与の対象となる二人の共有財産を、自分の名義であるのをいいことに、離婚後に使ってしまうということもあります。たとえ使ってしまっても分与額に変わりはありませんが、一時金での支払いは困難になってしまいます。やはり早めに調停を申し立てましょう。

調停がもし不成立になれば、そのまま審判手続きに移行して、裁判官が財産分与額を判断します。

●慰謝料

一般にモラ夫には婚姻破綻について責任があり、妻はこれにより生じた精神的苦痛について、慰謝料請求ができます。この場合の慰謝料（「離婚自体慰謝料」と呼ばれています）は、離婚成立後三年で消滅時効にかかりますので、それまでに請求すればよいことになります。

慰謝料の請求方法ですが、やはり家裁での調停がいちばんいいと思います。もし財産分与も請求したいときは、離婚後二年以内に財産分与請求調停を申し立てて、そのなかに慰謝料請求も含めるという方法もあります。

●年金分割

年金分割も、離婚後二年以内であれば請求できます。裁判所は、年金分割のための情報通知書の提出さえあれば、原則として二分の一の按分《あんぶん》割合による分割を認めてくれます。当事者間の話し合いの必要性もあまりありませんので、調停を申し立てるより、始めから審判を申し立てたほうが早いです。

＊　＊　＊

Q　夫から「子どもを返せ」と毎日電話やメールで要求され、奪われないかと心配です。子どもを守る方法はありますか？

A　子どもの監護者指定をとっておけば、警察に守ってもらえます。

心配はもっともです。実際に、モラ夫に子どもを奪われる例はしばしばあります。たとえば、妻が幼い子どもを連れて実家に避難した後、子どもと祖母が散歩しているときに、夫が子どもを奪っていったというケースがあります。また、別居後も以前と同じ保育園に子どもを預けていたところ、夫が「祖父が急死した」と言って突然子どもを迎えに行って、そのまま行方をくらませてしまったというケースもあります。

安全な場所に避難したとはいえ、夫に見つかって子どもを奪われるのではないかと、妻たちは不安にかられながら生活しているのが実情です。

もしこの別居が身体的暴力を原因とするものであれば、前述のように、DV防止法にもとづき、接近禁止命令を裁判所に出してもらって、自分だけでなく、子どもにも近づくことを禁止することができます。しかし、身体的暴力のないモラハラでは、残念ながら接近禁止命令は出ません。

このようなケースでいちばん使える手段は、子どもの監護者指定の審判とその審判前の保全処分の申立てです。

離婚が成立するまでは、父母は子どもに対し、双方とも親権を有しています。ですから、母親が子どもを連れて別居した後、父親が何らかの方法で子どもを奪ってしまったとしても、警察は動いてくれません。父親も親権者だからです。

ところが、家庭裁判所が母親を子どもの監護者として指定しますと、父親は親権者とはいえ子どもを監護者から奪うことは許されません。誘拐罪となって逮捕されることもあります。ですから、子どもを奪われないように警察に守ってもらうためには、裁判所から子どもの監護者の指定をもらっておくことは非常に有効なのです。

さらに、父親が子どもを探し回っているなど一刻を争うような状況では、少しでも早く家庭裁判所に判断してもらうために、「子の監護者の指定」の審判を申し立てると同時に、その「審判前の保全処分」を求めることができます。これは、正式の判断を出す前に、とりあえず仮に監護者を指定してもらう手続きです。

通常、監護者を正式に指定するには、家庭裁判所調査官が父母双方から事情を聴取したり、家庭訪問をして子どもの監護状況を綿密に調査するなど、慎重な手続きがとられますので、判断が出るまでに数ヵ月以上かかります。

しかし、一刻も早く判断を出す必要性があると裁判所が認めた場合は、事情聴取や調査を短縮して、正式な判断が出るまでの仮の判断として、子どもの監護者を指定してくれるわけです。この急ぐ必要性のことを裁判所は「保全の必要性」と呼んでいます。

どのような場合に保全の必要性が認められるかというと、「子どもを直ちに返さないと奪いに行く」というような脅迫メールが再三来ているような場合や、夫が保育園に子どもを迎えに行って、渡してもらえないために保育園ともめているような場合、すでに押しかけてきて力ずくで子どもを奪いそうになったことがあるような場合です。**いずれも証拠が**

必要です。夫からのメールは印刷し、目撃者には陳述書を書いてもらいましょう。

＊　＊　＊

Q　弁護士が夫の言うことをいちいち伝言してきて、困っています。我慢するしかないのでしょうか？

A　無理に我慢せず、配慮してくれるよう、弁護士に遠慮なく頼んでください。

モラ夫の多くは、妻が家を出ていくと、まず妻の実家・親族・友人にプレッシャーをかけ、妻が戻るように仕向けようとします。妻に弁護士がついていようと関係ありません。自分の連絡したい相手にしか連絡しません。しかし、夫からの連絡を誰も相手にしない状況が続きますと、ようやく夫は弁護士に連絡するようになります。

ただ、その連絡は、とことん夫の身勝手な要求であることが一般的です。「○○はどこにある」「○○の支払いはどうする」「子どもたちの学校に連絡はしたのか」「生協は止めたのか」「○○から連絡が来た」など。

一見もっともらしいのですが、すでに妻が別居前に手配をしていたり、夫が困らないよう重要書類の保管場所のメモをおいてきてあっても、モラ夫はこのような連絡を毎日繰り返してきます。一度弁護士を通して回答しても、夫は「わからない」「直接本人が説明しろ」とゴネ続け、執拗な電話はやみません。

つまりモラ夫は直接妻と話したいのです。前述の通り、モラ夫は妻を支配していることに絶対的な自信がありますから、直接話せば必ず戻ってくると信じて疑いません。そんなわけで、何とか妻から直接連絡をさせようと、あの手この手を尽くすわけです。

このようなケースで、弁護士がモラ夫から毎日のように受ける連絡を毎度毎度妻に伝え、回答を求めたとしたら、妻は結局、毎日のように夫にどう回答すべきか悩み続けることになるでしょう。これでは妻が夫の支配から抜け出せたとは言えません。

弁護士の仕事は、このような状態にならないよう、盾になって妻をモラ夫から守ることです。夫からの連絡が緊急の用件かそうではないかを判断し、緊急でない限り、夫には「それは調停で話し合いましょう」と、問題を調停まで先送りにして、妻にストレスを与えないようにするのが仕事なのです。

もし、弁護士が毎日のようにささいな用件まで夫の伝言を伝えてくるようであれば、残念ながら、その弁護士はモラハラ被害の深刻さをよく理解していないということです。

そのようなときは、無理に我慢せず、遠慮なく弁護士に配慮を求めてください。話せばわかるはずです。もし、話せる雰囲気ではない場合、あるいは話しても改善が見られない場合は、残念ながら、その弁護士はモラハラ事件には向かないということです。そのときは弁護士の交替もやむを得ません。

モラハラがわかる弁護士の探し方は１２１ページを参照してください。

調停の現場から

Ｑ　夫は調停でも離婚に応じません。このまま別居を続けると、どうなりますか？

Ａ　メリットとデメリットがあります。

夫のモラハラに耐えられず、ついに別居し、離婚を求めて調停を申し立てた、しかし夫は離婚に応じず調停は不成立になってしまった……という経過は、モラハラではよく見られます。繰り返し説明してきたように、モラ夫はたやすく離婚には応じてくれません。

では、調停不成立の後、どうするか。直ちに離婚訴訟を提起するのか、それとも裁判をせずこのまま別居を続けるのか。この選択は、あらゆる事情を考慮したうえで、慎重におこなう必要があります。

ここでは、別居を続けた場合のメリット、デメリットをご説明します。まず、メリットです。

もし、妻が離婚調停だけでなく婚姻費用分担請求調停も申し立てていて、離婚調停は不成立になってしまったものの、婚姻費用分担額（生活費）が決まっている場合、このまま離婚せず別居を続けるという方法は十分考慮に値します。とくに、夫の収入が高いために婚姻費用が高額で、子どもの進学費用も心配無用という状況であれば、婚姻費用をもらいながらの別居継続は、魅力的な選択だと思われます。

婚姻費用は離婚成立と同時に打ち切りとなり、その後は子どもにかかる養育費しかもらえません。養育費は婚姻費用より低額になるのが通常です。つまり、**経済的には離婚しないほうが得という場合がある**わけです。

では次に、デメリットです。

離婚しない限り、モラ夫も子どもの親権者です。当然、子どもとの面会交流は求めてくるでしょう（離婚しても求めてくるでしょうが）。それ以外にも子どもの進学、しつけ方など、あらゆる監護養育につき干渉してくる可能性があります。モラ夫は、親権者という立場を利用して、家族への支配を続ける可能性があります。これは母子にとって大変な脅威となるでしょう。

なお、モラ夫が干渉しなくなったので妻が離婚意思を喪失して、裁判せずに別居が続いたとしても、別居期間が七年程度になると、今度はモラ夫が離婚請求できるようになります。モラ夫のように、婚姻を破綻させた責任のある配偶者を有責配偶者といいますが、有責配偶者の離婚請求は、①別居期間が相当長期にわたり、②当事者間に未成熟（自立していない）の子がなく、③離婚を認めても、相手方が精神的社会的経済的にきわめて苛酷な状態におかれるなど、著しく社会正義に反するといえるような特段の事情がない（要するに、離婚しても苛酷な状態にはならないということ）場合は、裁判所が認めます。

＊＊＊

Ｑ　調停委員が、裁判はすごく大変だと言います。調停を成立させたほうがいいのでしょうか？

Ａ　裁判を避けるために安易に夫の条件をのんで、いっそう大変なことになってしまう場合もあります。慎重に判断しましょう。

調停委員がこのような発言をするのは、調停が大詰めになったときです。たとえば、離婚にも子どもの親権者を母親にすることにも納得していなかったモラ夫が、子どもとの面会交流を週一回するのであれば離婚に応じるとか、一銭も払わなくていいなら応じるとか言い出したときです。

裁判はたしかに大変です。しかし、大変だからといって夫の条件をのむと、もっと大変になる場合があります。ですから、ここはじっくりと裁判の大変さとモラ夫の要求の大変さを比較検討したうえで、慎重に選択する必要があります。

まず、裁判の大変さについて考えてみましょう。裁判では、すべて書面で主張し反論し、証拠で裏づけていく必要があります。自分の主張を書面化するのは、モラハラを受けた記憶を正確に喚起しなければならないというつらさを伴います。相手のつくった書面を読むのは、それがデタラメだったり、自分に対する誹謗《ひぼう》中傷だったりすると（たいていそうです）、かなりのストレスとなります。

さらに、裁判官による和解交渉が決裂して判決をもらう手続きになりますと、当事者双方の尋問がおこなわれますが、これは当事者双方が同じ時間に同じ法廷に集まって行われます。裁判所が遮蔽《しゃへい》措置（二人の間に衝立を置くこと）を認めてくれた場合は、夫の顔を見なくてもすみますが、少なくとも声は聞こえてきます。そんななかで尋問を受けるのは大変神経を使うことであるのは事実です。

また判決とはリスクのあるもので、必ずしも請求通りの判決が出るとは限りません。とくに慰謝料額については、裁判所の認定は一般に低額で、あまり期待はできません。そのうえ、判決に不満なほうが控訴しますと、次は高等裁判所で審理されますが、これにより最終的な解決は少なくとも四、五ヵ月は遅れます。

この間、精神的ストレスが継続するわけです。このような裁判が大変なのは明らかで、かなりの覚悟を要するのは事実です。

では、裁判を避けたい一心で、たとえばモラ夫の要求する週一回の面会交流を承諾したらどうなるでしょう。

まず、毎週モラ夫から面会時間や場所について指示があることを覚悟しなければなりません。子どもの都合があると言っても聞き入れず、病気になれば代替日を求めるといった具合で、面会交流に振り回される毎日が予想されます。

そのうえ、面会の際、子どもから得た情報をもとに、養育方法についてうるさく干渉してくる恐れもあります。母親としては、子どもとゆっくり休日を楽しむ余裕がなくなり、相変わらず父親からのモラハラを受け続ける状況になりかねません。

このような事態が、子どもが面会について自主的に決定できるようになるまで（小学校卒業頃まで）続くわけです。

もう一つの例、夫が一銭も払わないことを離婚の条件とした場合はどうでしょう。養育費については、夫がいくら払わないと言っても、離婚後、養育費請求審判を起こせば裁判所は養育費を決めてくれます。養育費請求は本来子どものための権利ですので、母親が放棄することはできないし、父親も免《まぬか》れることができないのです。

ただ、慰謝料や財産分与請求権については、妻は放棄することができます。その額が比較的低額であれば、放棄して早期に離婚するのは一つの解決策と思われます。

しかし、もし高額の財産分与が期待できる場合に放棄してしまったら、将来後悔しないと言い切れるでしょうか。とくに、子どもに十分な教育を受けさせたいと考えているような場合は、慎重に検討する必要があります。

夫の無理な要求は、ほかにもいろいろあります。それらをのんで早期に調停離婚するか、それとも要求を蹴って離婚裁判をするか、このような究極の選択をする際は、弁護士がついている場合はその弁護士に、ついていない場合は法律相談を受けて、十分時間をかけて決断してください。

＊　＊　＊

Ｑ　夫は、離婚するなら子どもが通う私立校の授業料を払わないと言い出しました。どうしたらよいでしょうか？

Ａ　調停は不成立にして離婚訴訟を起こし、養育費として授業料を考慮した金額を請求することができます。

調停において、夫がこのように言い出したとき、もし妻に資力があって、私立校の授業料を負担できる場合は、この条件をのんで早期に離婚を成立させるのも一つの解決だと思います。しかし、妻に資力がなく、子どもを退学させるつもりもなければ、こんな条件をのむ必要はありません。

調停は不成立にして離婚訴訟を提起し、養育費として私立校の授業料を考慮した金額を請求しましょう。

前述の通り、現在裁判所は養育費を算定するにあたり巻末資料の算定表を目安としています。算定表は公立学校の教育費をもとに作成されていますので、子どもが私立校に通学しているときの養育費は、この算定表にもとづく養育費に、私立校と公立校の教育費差額分を上乗せしたものになります。

ただし、養育費算定にあたって私立校差額分を上乗せするのは、養育費支払い義務者が私立校進学を了承している場合に限られます。子どもが夫婦同居中から私立校に通学している場合は、当然、夫はこの私立校入学を了承していたと考えられますので、裁判所は、判決で養育費を算定するにあたり、私立校差額分を上乗せすることになります。

問題は、離婚判決が出るまでに相当期間がかかることです。とうてい授業料の支払いには間に合いません。このように急いでいるときは、婚姻費用（生活費）分担の審判とその仮払いを求める保全処分を申し立てることができます。

これは、離婚判決が確定するまでの間、裁判所が婚姻費用を決めて、夫に支払うよう命じるものです。保全処分も同時に申し立てれば、すみやかに仮の決定を出してくれます。婚姻費用でも養育費と同様に、私立校の教育費差額分の上乗せを請求し、認定してもらうことができます。

＊＊＊

Q 財産分与を請求したら、住宅ローンも半分負担しろと言ってきました。私も負担しなければいけないのですか？

A　夫の主張はきわめて不正確で誤りといえます。

財産分与は、夫婦が婚姻中に築いた財産を、離婚の際に清算するものです。その分与割合は二分の一が原則となっています。

財産分与額を決めるにあたっては、まず夫名義であろうと妻名義であろうと、二人の婚姻中の就労によって得た財産はすべて合算します。現金、預貯金、生命保険、学資保険、株式、国債、不動産、自家用車など、すべての財産が含まれます。これらは夫婦の共有財産とみなされます。

相続や贈与によって取得した財産、婚姻前の財産などの特有財産は含まれません。また、特有財産が生み出す財産、たとえば相続した土地から生じる賃料なども含まれません。さらに、夫婦が徹底した別産制をとっている場合は分与は不要です。

この実質的に共有する財産の合算額から、住宅ローン、車のローン、生活のための借入金など夫婦が負担するマイナスの資産を差し引き、もし残りがプラスとなれば、その二分の一を分与するわけです。もし、差し引いたらマイナスになった場合は、分与不能として、財産分与はされません。

つまり、財産分与にあたって、プラスの資産を考えず、住宅ローンのみを半分にして妻も離婚後ローンを負担するということはありません。夫がこのようなデタラメを言ってきた場合は、はっきりと拒絶しましょう。

ただし妻がローンの連帯債務者か連帯保証人であるときは、債権者に対しては債務を免れませんので要注意です。

＊＊＊

Q 夫は金遣いが荒く貯金もないのですが、慰謝料はあきらめるしかないのでしょうか？

A 慰謝料は資力とは関係なく、責任に応じた金額を請求できます。

モラハラを原因として離婚請求をする場合、離婚という結果を招いたモラ夫に対し、慰謝料を請求することができます。

モラ夫が、金がないから慰謝料は支払わない、とどんなに頑張りつづけたとしても、最終的に判決では、**モラ夫の支払い能力とは関係なく、モラ夫の責任に応じた慰謝料額が認められます。**

しかし、せっかく慰謝料を判決で裁判所が認めてくれたとしても、モラ夫が払わず、収入も資産もなければ、その判決にもとづく強制執行はできず、結局判決は「絵に描いた餅《もち》」になってしまいます。

もし、モラ夫に貯金がなくても、不動産や定期的な給与収入がある場合は、強制執行できますので、あきらめる必要はありません。

調停の段階では、もし裁判になったらどの程度の慰謝料額を裁判所は認定してくれそうか、強制執行は可能かどうかについて、弁護士に相談して見込みを立ててください。

もし慰謝料額があまり高くなく、強制執行も無理そうであれば、調停で慰謝料請求に固執して不成立にしてしまうのは、あまり得策ではないかもしれません。

他方、慰謝料額がある程度見込まれ、モラ夫が定職についていて給料の差押えが可能であれば、不成立を恐れず、裁判も覚悟で、調停において強気で請求するのも一つのやり方です。

なお、金銭的な目的ではなく、モラ夫に、モラハラは許されないこと、夫に責任があること、もはや妻は支配下にはないことをはっきり示すために、裁判をしてきっちり慰謝料請求をする方もいます。これは、たとえ夫に資力がなくて支払いが見込めなくても、妻が夫と決別し、精神的に自立するために、妻にとって必要な手続きとなるようです。

＊＊＊

Q 夫は子どもの親権は譲ってもいいが、跡取りだから姓は変えるなと言います。従わなければいけませんか？

A 従う必要はありません。

まず、離婚すると姓（氏）がどうなるかを説明します。

日本の民法は、夫婦は、「夫または妻の氏を称する」として、別姓を認めていませんので、結婚するとき、どちらかは改姓しなくてはなりません（日本では九六パーセントの夫婦が夫の姓を選んでいます）。そして、改姓したほうは、離婚によって旧姓に戻ることができます。また、旧姓に戻らず、そのまま婚姻中の姓を名乗ることもできます（婚氏続称）。さらに、婚氏続称を選んでも、後日家庭裁判所に申し立てて、旧姓に戻ることを許可してもらうこともできます。

では、子どもの姓は離婚後どうなるのでしょう。

子どもが一五歳以上であれば子ども自身が、一五歳未満であれば離婚後の親権者が、子どもの姓をどうするか決めます。母親が親権者になった場合、母親が旧姓に戻るなら、子どもの姓も母親の旧姓にすることができます。母親が旧姓に戻っても、子どもの姓は変更しないこともできます。母親も子どもも姓を変更しないこともできます。

では、本問のように、モラ夫が子どもの姓にこだわったときは、どのようにすべきでしょうか。

じつは、このようにモラ夫が「○○家の維持」のために子どもの姓の変更を阻止しようとすることはよくあります。

念のために述べますが、今の日本の法制度上は家制度はありません。ですから、家の維持を理由にこのような主張をするのはあまりにも時代錯誤ですし、裁判所も法的な主張とはまったく考えません。そもそも、子どもの姓は親権者が子どもの幸せを第一に考えて決めるべきものであって、夫の主張に従う必要はありません。いやであれば断りましょう。

ただ、もともと子どもの姓は変更するつもりがなく、この条件をのむことで早期に離婚が成立する見込みの場合は、応じるのも一つの方便です。なお、このような条件を母親がのんだとしても、子どもは条件に拘束されませんから、一五歳以上であれば子どもは自ら姓の変更手続きをすることができます。

裁判の現場から

Q　夫が提出する書面にはうそばかり書いてあります。こんなことが許されるのでしょうか？

A　残念ながら、許されます。事実と違う部分を探して、裏づけとなる証拠を探しましょう。

離婚調停が不成立になると、モラ夫と離婚するために残された道は裁判しかありません。

裁判は、離婚を請求するほう（原告）が訴状を家庭裁判所に提出することで始まります。訴状には、まず相手（被告）に請求する内容、つまり離婚、子どもの親権、子どもの養育費、財産分与、慰謝料、年金分割のうち、請求したいものを明記します。さらに、これらを請求する理由、たとえばモラハラの具体的事実、別居した日、現在の子どもの養育状況、双方の年収、夫婦が築いた財産（わかる範囲で）などを記載します。

この訴状は被告に送られ、被告はこれに対する反論書（最初の書面を答弁書、次からは準備書面と呼びます）を出してきます。この書面を見て、原告も準備書面をつくって反論するわけですが、はっきりいって、被告であるモラ夫が作成する書面は、原告である妻にとって、とてつもなく不快です。

まず、モラハラの事実については全部否認してくるのが普通です。たとえば、無視なんかしたことはなくささいな夫婦げんかに過ぎない、怒鳴ったのは妻がヒステリーを起こしたのを止めようとしただけだ、長時間説教をしたことなどなく、無駄遣いをしないでほしいとちょっと注意したことがあるだけだ、など……。あまりのデタラメぶりに、読んだだけで具合が悪くなってしまう方もいます。

こんなうそを書いて許されるのか？　疑問に思われるのはもっともです。しかし実際は許されます。これは裁判では立派に被告の主張となります。

それがうそか本当かは、証拠で裏づけられるかどうかで決まります。つまり、原告の主張と被告の主張がまったく正反対の内容だとすると、事実を証明できた主張が本当で、それと違う主張はうそとなるわけです。これが裁判のルールです。そういうわけで客観的証拠の有無がとても重要になってきます。

ただ、裁判官は、どちらの主張が本当かを、単に証拠の有無だけで決めているわけではありません。原告と被告のどちらの話に一貫性があるか、矛盾はないか、不自然な点はないか、誠実さが見られるか、そのほか裁判に出されたあらゆる情報をもとに判断するわけです。

モラ夫が書面でうそを連ねることは許されますが、裁判官がそのうそを見抜いた場合はモラ夫は一気に不利になります。ですから、モラ夫のデタラメな書面に、初めはショックを受けるかもしれませんが、よく読んでみてください。おかしな点がたくさん見えてくるはずです。事実と違う部分を探して、違うことを裏づける証拠を探しましょう。それでモラ夫がうそを平気でつける性格だということを証明できれば、その後は裁判官はモラ夫の話を疑ってかかってくれます。

じつは、裁判において、モラハラの究極の証拠は、モラ夫自身だといえます。

モラ夫は、裁判になっても弁護士をつけず、自ら出頭して書面を提出することが比較的多いのですが、その言動や主張は、まさにモラハラそのものといえることがしばしばあります。法廷で怒鳴り出したり、ものすごい形相で妻や代理人をにらみつけたり、脅したり、書面でも徹底的に妻を侮辱したり、モラハラを責任転嫁したり、裁判所が財産開示を指示してもまったく無視したり、そもそも裁判自体を完全に無視して一度も出頭しなかったり……。

たとえ弁護士がついても、モラ夫の行動を完全に抑制することはできないようで、おかしな言動は垣間見えてきます。ですから、裁判官はモラ夫の非常識な言動を目の当たりにして、心証を形成していくわけです。ですから、モラ夫のデタラメな書面にめげる必要はまったくありません。

＊　＊　＊

Q　夫が収入や財産に関する証拠を提出しないので、裁判が進みません。手続きを早くしてもらう方法はありますか？

A　あります。裁判所に調査嘱託の申請をすることができます。

●財産分与のための証拠集め

離婚裁判において財産分与が争点になると、夫も妻も手持ちの財産に関する資料を証拠として提出しなければなりません。たとえばこんな資料です。

銀行預金――別居日（破綻日）の残高の記載のある通帳

株　　式――別居日に所有する株式の銘柄と株数を証明する証券会社の証明書、最新の株

価を証明するインターネット情報など
学資保険・生命保険――別居日に解約した場合に支払われる、解約返戻金額を証明する保険会社の証明書
不動産――全部事項証明書（登記簿謄本）、最新の評価額を証明する不動産会社の査定書
自動車――車検証、最新の評価額を証明する自動車販売会社の査定書
ローン――別居日のローン残高を証明するローン会社の証明書

モラ夫の多くは、自ら資産管理をしていて、妻に資産内容を教えません。裁判になっても当然出し渋ります。裁判所が何度も任意提出を促しますが、それでも無視する場合もあります。このために、何回も裁判の日が空振りになってしまうことがあります。

このようなとき、妻から裁判所に、調査嘱託をしてくれるよう申請することができます。これは裁判所が、夫の預金口座がありそうな銀行、株取引をしていそうな証券会社などに、夫の名義の財産はあるか、あるなら〇月〇日の残高を示してほしいというような調査を依頼するものです。これによって、かなりの財産を探し当てることができます。

ただ、裁判所もあらゆる銀行を調べてくれるわけではないので、別居する前に、夫が取引している銀行名、証券会社名、保険会社名程度は把握しておくよう努めてください。

●養育費のための証拠集め

前述の通り養育費は算定表（巻末資料参照）に従って決められることが多いのですが、この算定表に当てはめるには、まず夫婦それぞれの年収が明確になっている必要があります。ところがなかには、自分の収入を妻に隠していて、裁判になっても頑として出さないモラ夫もいます。

このようなときも調査嘱託は使えます。裁判所に、夫の勤務先に収入の調査依頼をするよう申請するのです。もし夫が自営業の場合は、裁判所から役所に課税証明書の送付依頼（文書送付嘱託といいます）をするよう申請することもできます。

ただ、妻側から夫に、任意に出さないのであれば勤務先への調査嘱託を申請しますと告げると、さすがのモラ夫も勤務先の手前、あわてて出すのが普通です。

＊＊＊

Q　裁判官から和解を勧められました。判決をもらうのとどちらがいいのでしょう?

A　それぞれのメリットとデメリットを慎重に検討しましょう。

離婚裁判は判決をもらうためだけの手続きではありません。その主たる目的もしくは実体は、ずばり和解交渉です。

家庭裁判所は、離婚のようなパーソナルな問題は、第三者が強制して解決するのではなく、できるだけ当事者が自主的に解決するのが望ましいと考えています。そんなわけで、離婚裁判が始まって何回か書面で反論しあって争点がはっきりしてきますと、裁判所は、よほどの事情がない限り、必ず和解勧告をします。

和解は調停のようなものです。違いは、調停委員ではなく一人の裁判官が仲介に入ること、裁判官の発言からある程度判決内容が予測できるため、和解と判決どちらが自分に得か判断できること、決裂したら判決が出てしまうというプレッシャーのもとで判断しなければならないことです。つまり、自分に不利な判決が出ると見当がついた場合は、和解に応じざるを得なくなるということです。

このため、調停では離婚を突っぱねていたモラ夫が、和解の席で裁判官に、「判決なら離婚ですよ」と言われて、やむなく和解離婚に応じるということが出てきます。

では、原告である妻としては、和解離婚を選ぶべきでしょうか、判決離婚を選ぶべきでしょうか。ここではそれぞれのメリット・デメリットを挙げておきます。

まず、判決のメリットです。モラハラの立証がうまくいった場合は、判決文の中でモラハラの事実が認定され、慰謝料額についても認められます。**妻が自分のプライドを取り戻すために、モラ夫の責任を明らかにすることを何よりも願っているような場合は、和解ではなく判決をもらうのがベストです。**

次に、判決のデメリットです。

◎判決をもらうためには、当事者双方は尋問を受けなければなりません。つまり、法廷で、モラ夫も在廷するなかで、妻が証言台でモラハラの事実を語ることになります。これはモラ夫のために傷つき、精神的に立ち直っていない妻にとってはかなりのストレスになります。

◎判決は、必ずどちらかが負ける結果になり、負けたほうは控訴するのが一般的です。そうなりますと、次は高等裁判所で裁判をしなくてはなりません。このため、少なくとも四、五ヵ月近く、解決が延びることになります。

◎判決にはリスクがあります。離婚判決間違いなしと確信していても、じつは裁判官がモラハラを理解できず、たんなる性格の不一致と考えて、別居期間の短さからまだ破綻していない、よって離婚請求棄却、という判決を出すこともあり得ます。

◎高裁や最高裁まで争ってようやく離婚判決が確定したとしても、モラ夫が判決内容に不満を持っている場合、判決に素直に従おうとしないことがあります。養育費や慰謝料等を直ちに支払おうとしないときは、相手の給料や財産を差し押さえることができますが、手続きは面倒ですし、費用もかかります。さらに、その時点で相手に収入も資産もなければ、強制執行さえできず、泣き寝入りになってしまうこともあります。

和解のメリット・デメリットは、判決の場合の反対です。

つまり、和解ではモラハラの事実も責任も明記されず、慰謝料という言葉もほとんど使われず、解決金支払いという玉虫色の内容となります。そのため双方それなりに納得し、ほどほどに満足し、約束した支払いも守ろうとすることが多いです。尋問は不要で、控訴もないので、解決は早まります。もちろん結果がわからないというリスクもありません。

こう見ると、和解のほうがメリットは多そうですが、まずはモラ夫も和解に応じる気にならないと和解は成立しません。意地でも離婚を拒否するモラ夫を和解に引き込むためには、解決金を減らすなど、モラ夫がその気になるような魅力的な条件を提示しなければなりません。どこまで妥協できるか、妥協するくらいなら判決をもらうか、これもまた難しい選択といえます。

＊＊＊

Q　裁判所で尋問を受けることになったのですが、夫と顔を合わせるのが怖くてたまりません。どうしたらいいでしょうか？

A　夫との間に衝立を置いてほしいと申請することができます。

離婚裁判で和解交渉が決裂しますと、次は判決を出してもらうための証拠調べの手続きに入ります。原告も被告もそれぞれの主張を裏づける証拠をコピーして提出し、また主張全部をまとめて裏づける証拠として、陳述書を作って提出します。そのうえで、ついに原告と被告の尋問が実施されます。

裁判所における和解交渉は、調停と同じように小さめの部屋でおこなわれるのですが、尋問は、傍聴席まである法廷で公開しておこなわれます。

尋問のやり方ですが、離婚請求する妻が原告、離婚に応じない夫が被告としますと、一般に、原告である妻の尋問から始まり、その後、被告である夫の尋問がおこなわれます。

尋問には主尋問と反対尋問があります。主尋問とは、自分の代理人からの質問のことで、自分の主張を裏づけるためにおこなわれるものです。反対尋問とは、相手側の代理人からの意地悪な質問のことで、陳述の矛盾点をついて主張を崩すためにおこなわれるものです。原告の主尋問、反対尋問が終わりますと、次は被告の主尋問、反対尋問がおこなわれます。

モラハラの被害を受けてきた妻は、夫の顔を見ただけで動悸が激しくなったり、過呼吸になったりで、まったく話せなくなってしまうことがあります。そのような心配があるときは、裁判所に遮蔽措置を申請することができます。これは、証言台と夫の座る被告席の間に衝立を設置することによって、妻が証言台で尋問を受ける間、夫と顔を合わせなくてもすむようにしてもらう措置です。

では、夫の尋問のときはどうなるでしょうか。

被告の主尋問のときは、一般に原告は原告席で自分の弁護士の隣に座り、被告の話のうそを弁護士にメモなどで指摘して、次に続く被告の反対尋問に備えます。被告主尋問のときには、今まで書面では主張されなかった事実が突然陳述される場合がありますが、これについて原告の弁護士は初耳ですから、適切に反対尋問をするには、原告からその場で素早く情報を得る必要があるのです。

つまり、被告の反対尋問は、原告と弁護士が協力しておこなうのがベストです。

裁判所は、被告の尋問の際には原則として遮蔽措置を認めてくれません。これは、法律上、遮蔽措置をとる要件として、当事者が陳述するときに「(陳述者に) 圧迫を受け精神の平穏を著しく害される恐れがあると認める場合であって、相当と認めるとき」であることが必要とされるからです。つまり、原告が陳述するときは、顔を合わせないように間に衝立を置いてもらえますが、被告が陳述するときは陳述者自身には何の恐れもないとして撤去されてしまいます。

そのため、妻が夫に恐怖心を抱いていて顔を見ることもできないような場合は、夫の尋問の間は、全部弁護士任せにして退廷しなければならなくなります。これではうそつきなモラ夫に対し、十分な反対尋問はできなくなってしまいます。

そこで裁判所に、夫の尋問の際にも妻の反対尋問権の保障のために遮蔽措置をとってほしいと事前に申請しますと、夫側の承諾をとったうえで認めてくれる裁判所もありますが、認めない裁判所もあります。

認められなかった場合は、夫の顔を見ることを覚悟するか、妻は退廷して反対尋問は弁護士のみでやるか、どちらかを選択するほかありません。

遮蔽措置をもっと柔軟にとってもらえるようになるためには、法律が改正されることが望ましく、そのためにはあきらめずに妻たちが要求し続けることが必要だと思います。

解　説

〜「不愉快な気持ち」を見逃さないで

小西聖子

私は、犯罪やＤＶの被害者のトラウマ治療を専門にしていますが、精神科臨床の場にも、夫からのモラル・ハラスメントの被害者が何人も訪れてきます。専業主婦もいれば、会社員もいます。学校の先生もいれば、医師も看護師もいます。そういう人たちの訴えは、まさにこの本に書いてある通りです。自分が今その渦中にいる人は、「そうそう、これはウチのことだ！」と思って読まれるに違いありません。ＤＶ被害の現場をよく知るカウンセラーと弁護士さんが書いているので、事例も説明も具体的で説得的です。被害を受けた人に実際に役立つ知識がたくさん載っています。

モラハラを受けたというＤＶの被害者の臨床でいちばん難しいのは、じつは「本人が自分は被害者だと思っていない」という状態です。誰かに勧められて、あるいは夫に「頭がおかしいから精神科に行け」と言われて、彼女たちは精神科にやってきます。頭痛がしたり動悸がしたり、集中力がなかったり、記憶がなくなっていたり。なかには、診察中もたびたび夫から電話がかかるために、話が中断してばかりだったり、帰りの時間を気にしてそわそわする人もいます。とても理不尽で残酷な扱いを受けていて、夫が悪いと誰もが思うようなことでも、被害者本人だけはそう思っていません。最初は「自分がだめだからそれを直していい夫婦になりたい」とか「自分がどうしたいかわからない」と言ってくる人もいます。ぼうっとしていてあまりまとまった話ができないような人もいます。

こうなると、実際に起こっていることについて理解できるようになるまでに時間がかかります。薬の治療だけではどうにもなりません。心理療法が必要です。自分が被害を受けていて具合が悪いとか、自分は相手のことを怖がっているということがわかれば治療は進み出すのですが、そこまでが大変なのです。自分だけを責めるような状態を作り出すもとには、「恐怖」があることが多いのですが、混乱していると、それがちゃんと感じられません。そうなってしまうと、人は自分のためになる行動をすることがより難しくなってきます。言い換えれば、恐怖が恐怖として感じられること、怒りが怒りとして感じられることはとても健康なことです。だからこそ早いうちに、不愉快な気持ちのあるうちに暴力に対処することが大切なのです。

モラル・ハラスメントについて少し説明しておきます。モラル・ハラスメントという言葉は、この本では、夫婦間の心理的な暴力、反倫理的なパワー（権力）の乱用という意味で使われています。マリー＝フランス・イルゴイエンヌの『モラル・ハラスメント　人を傷つけずにはいられない』（高野優・訳　１９９９年）からとられているものです。ハラスメントという言葉は職場や学校などでよく使われますが、モラル・ハラスメントの場合は、セクシュアル・ハラスメントすなわち「性的嫌がらせ」以外の「心理的嫌がらせ」「大人のいじめ」という意味で使われることが多いようです。

一方、言葉は違いますが、子どもの「心理的虐待」や「言葉のいじめ」なども内容的にはモラハラと共通点があります。また精神医学・心理学的に見ると、このような「（身体暴力ではない）力と恐怖による人の支配、コントロール」はさまざまな犯罪でも見られるものであり、マインドコントロールという言葉で語られることもあります。決して夫婦間の暴力だけに限った問題ではありません。たとえば、長期間監禁され暴力を振るわれている犯罪の被害者にも、ずっと虐待され続けた人にも、同じような心理状態が起こります。独裁者の恐怖政治にもカルトの洗脳にも、類似する心理的要素があります。

今のところ、さまざまな場面における類似した心理的状況に、人はそれぞれの名前を付けているということになり、それぞれ別の側面が強調されていたりするので、なかなかすっきりとはいきません。また、この状態と精神医学的なＰＴＳＤの概念とが一直線に結びつくかというとそうもいきません。概念の整理はこれからです。

ただ、何か共通の点を抽出するとしたら、「人をモノのように利用する」ということかもしれません。この表現は本文中にも何度か出てきましたが、孤立させ、恐怖させ、無力にし、支配する、そういう人や人間関係の病理的在り方は、残念ながら人類が始まって以来、ずっと存在してきたのでしょう。夫の「モラハラ」はその典型的な一つだといえます。

モラハラの被害を受けている方、受けているかもしれない方は、この本を読んで、被害者はあなた一人ではないこと、同じようなワナにはまって苦しんでいる人がいること、そして、この事態を変えていくことができることを知ってください。

こにし・たかこ
武蔵野大学人間科学部教授、武蔵野大学心理臨床センター・センター長。精神科医、臨床心理士、医学博士。
専門は被害者学、ＰＴＳＤ研究。犯罪や暴力の被害者のこころのケアに尽力。

参考文献

1. マリー＝フランス・イルゴイエンヌ：『モラル・ハラスメント　人を傷つけずにはいられない』（高野優訳）紀伊國屋書店（１９９９）
2. 熊谷早智子：『家庭モラル・ハラスメント』　講談社＋α新書（２００８）
3. 米国精神医学会：『ＤＳＭ-Ⅳ-ＴＲ 精神疾患の診断・統計マニュアル　新訂版』（高橋三郎、大野裕、染矢俊幸訳）医学書院（２００４）
4. 中山和彦・小野和哉：『図解 よくわかる大人の発達障害』　ナツメ社（２０１０）
5. Bauer NS, Gilbert AL, Carroll AE, Downs SM.：Associations of early exposure to intimate partner violence and parental depression with subsequent mental health outcomes. JAMA Pediatr. 167(4):341-7(2013)
6. 本田りえ・小西聖子：精神科クリニックにおけるドメスティック・バイオレンス被害者の現状と問題　トラウマティック・ストレス９（２）：（２０１１）
7. 春原由紀編著、武蔵野大学心理臨床センター子ども相談部門：『子ども虐待としてのＤＶ――母親と子どもへの心理臨床的援助のために――』　星和書店（２０１１）
8. 本田りえ・野口普子・嶋美香・小西聖子：ドメスティック・バイオレンス被害者への司法のプロセスにおける心理的サポートの試み　総合病院精神医学　24巻3号（２０１３）

＊本書の内容はすべて、２０１３年4月末日現在の情報にもとづくものです。

【養育費の算定表】

家庭裁判所において、養育費（月額）算定の際に参考としている資料から２つのケースを抜粋し、一部改変して作成しました。

【子１人の場合（子 0〜14 歳）】

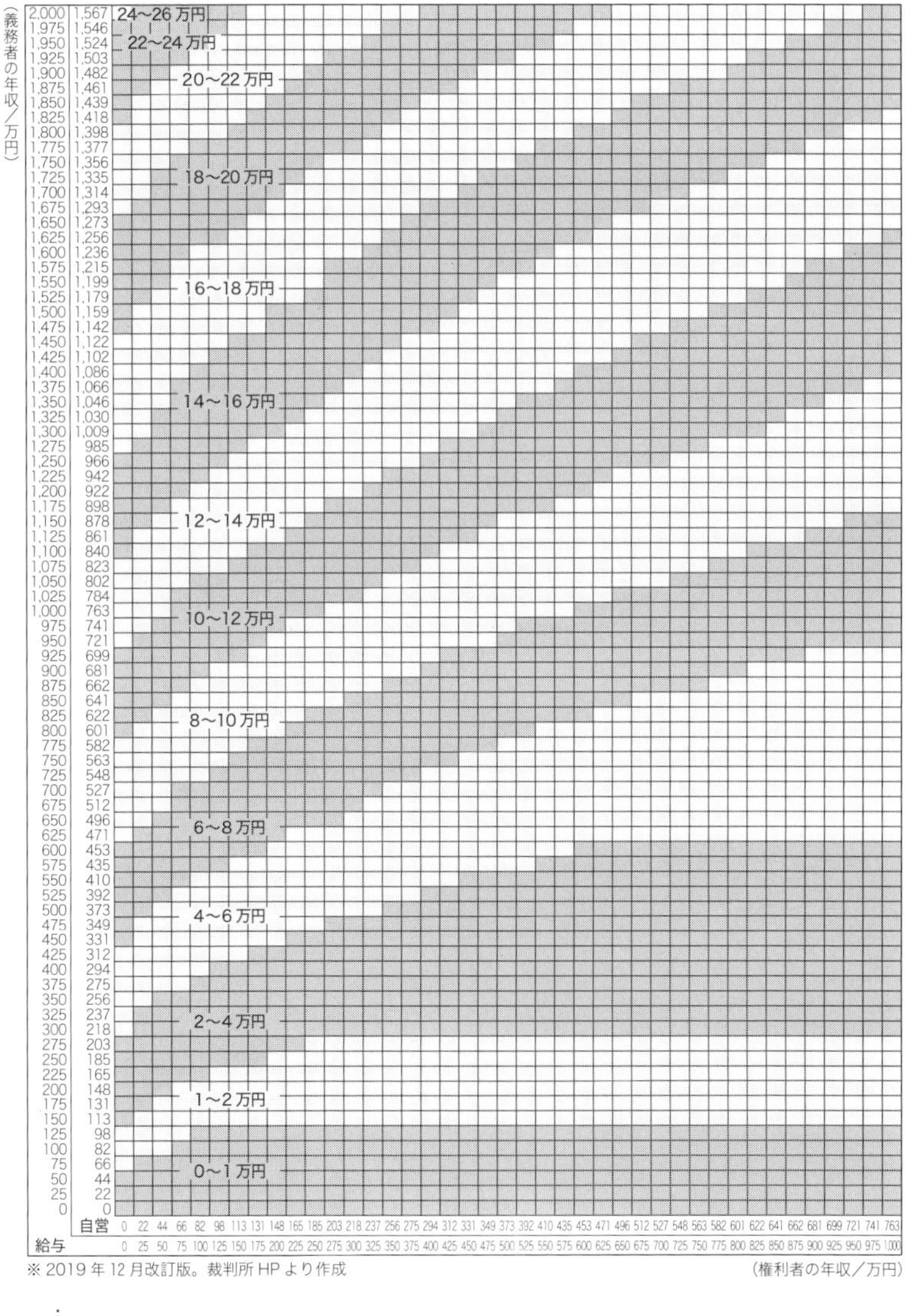

※ 2019 年 12 月改訂版。裁判所 HP より作成　（権利者の年収／万円）

[年収の求め方]

給与所得者の場合▶源泉徴収票の「支払金額」／自営業者の場合▶確定申告書の「課税される所得金額」

【子２人の場合（第１子及び第２子０〜14歳）】

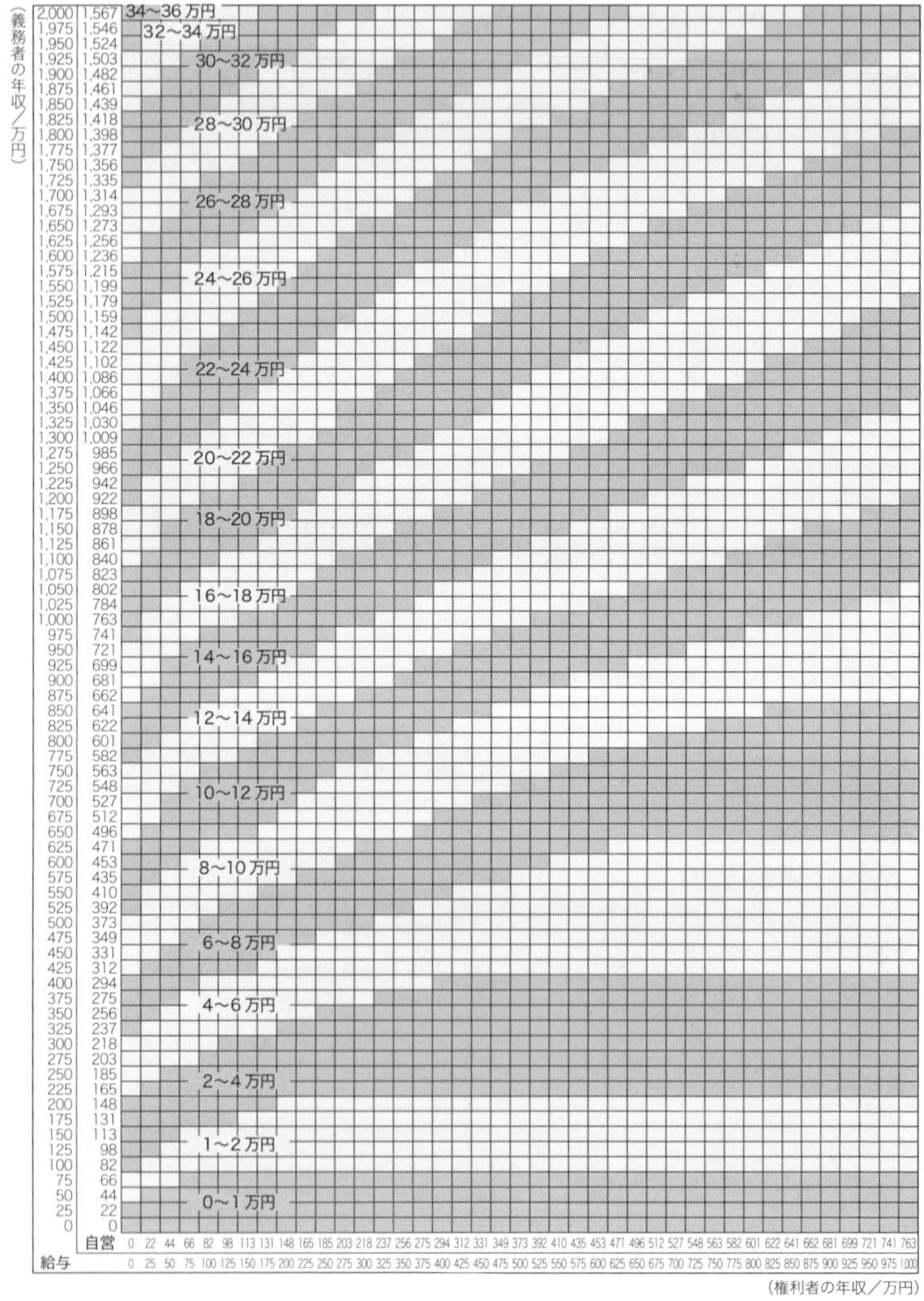

巻末資料

【全国のおもなDV相談窓口】

◉ DV相談ナビ …… 全国共通の電話番号 **#8008《はれれば》**

発信場所の最寄りの相談窓口に、電話を自動転送してくれます（各機関の相談受付時間内のみ）。

◉よりそいホットライン …… フリーダイヤル **0120-279《つなぐ》-338《ささえる》**（24時間対応）

音声ガイダンスが流れたら、相談したい内容を番号で選択すると、電話相談の専門員が対応してくれます。

北海道	北海道立女性相談援助センター　☎011-666-9955
青森県	青森県女性相談所　☎017-781-2000
	青森県男女共同参画センター「アピオあおもり」☎017-732-1022
岩手県	岩手県福祉総合相談センター　☎019-629-9610
	岩手県男女共同参画センター　☎019-606-1762
宮城県	宮城県女性相談センター　☎022-256-0965
	みやぎ男女共同参画相談室　☎022-211-2570
	仙台市男女共同参画推進センター　☎022-268-8302
秋田県	秋田県女性相談所　☎018-835-9052
	秋田県中央男女共同参画センター　☎018-836-7846
山形県	山形県福祉相談センター（婦人相談所）☎023-627-1196
	山形県男女共同参画センター「チェリア」☎023-629-8007
福島県	福島県女性のための相談支援センター　☎024-522-1010
	福島県男女共生センター「女と男の未来館」☎0243-23-8320
茨城県	茨城県婦人相談所　☎029-221-4166
栃木県	とちぎ男女共同参画センター　☎028-665-8720
群馬県	群馬県女性相談センター　☎027-261-4466
埼玉県	埼玉県配偶者暴力相談支援センター（婦人相談センター）☎048-863-6060
	埼玉県男女共同参画推進センター「With You さいたま」☎048-600-3800
千葉県	千葉県女性サポートセンター　☎043-206-8002
	千葉県男女共同参画センター　☎04-7140-8605
	野田市配偶者暴力相談支援センター　☎04-7125-9119

東京都	東京都女性相談センター（多摩支所を含む）☎03-5261-3110（多摩支所　☎042-522-4232）
	東京ウィメンズプラザ　☎03-5467-2455
	港区子ども家庭課家庭相談センター　☎03-3578-2436
神奈川県	神奈川県立女性相談所　☎045-313-0745・0807
	かながわ女性センター　☎0466-27-9799
新潟県	新潟県中央福祉相談センター　☎025-381-1111
富山県	富山県女性相談センター　☎076-465-6722
	富山県民共生センター「サンフォルテ」☎076-432-6611
石川県	石川県女性相談支援センター　☎076-223-8655
	石川県女性センター　☎076-231-7331
福井県	福井県総合福祉相談所　☎0776-24-6261
	福井県生活学習館「ユー・アイふくい」☎0776-41-7111・7112
山梨県	山梨県女性相談所　☎055-254-8633
	山梨県立男女共同参画推進センター「ぴゅあ総合」☎055-237-7830
長野県	長野県女性相談センター　☎026-235-5710
	長野県男女共同参画センター「あいとぴあ」☎0266-22-8822
岐阜県	岐阜県女性相談センター　☎058-274-7377
	男女共同参画プラザ　☎058-278-0858
静岡県	静岡県女性相談センター　☎054-286-9217
	静岡県男女共同参画センター「あざれあ」（賀茂地区）☎0558-23-7879（東部地区）☎055-925-7879（中部地区）☎054-272-7879（西部地区）☎053-456-7879

愛知県	愛知県女性相談センター　☎ 052-962-2527
三重県	三重県女性相談所　☎ 059-231-5600
	三重県男女共同参画センター「フレンテみえ」 ☎ 059-233-1133
滋賀県	子ども家庭相談センター　☎ 077-564-7867
	滋賀県立男女共同参画センター「G-netしが」 ☎ 0748-37-8739
京都府	京都府家庭支援総合センター　☎ 075-531-9910
	京都府男女共同参画センター「らら京都」 ☎ 075-692-3437
	京都市男女共同参画センター「ウィングス京都」 ☎ 075-212-7830
大阪府	大阪府女性相談センター　☎ 06-6949-6022 ／ 06-6946-7890
	大阪府立男女共同参画・青少年センター（ドーンセンター） ☎ 06-6937-7800
兵庫県	兵庫県女性家庭センター　☎ 078-732-7700
	兵庫県立男女共同参画センター「イーブン」 ☎ 078-360-8551
奈良県	こども家庭相談センター　☎ 0742-22-4083
	奈良県女性センター　☎ 0742-22-1240
和歌山県	和歌山県子ども・女性・障害者相談センター ☎ 073-445-0793
	和歌山県男女共同参画センター「りぃぶる」 ☎ 073-435-5246
鳥取県	鳥取県福祉相談センター（婦人相談所） ☎ 0857-27-8630 鳥取県中部福祉事務所　☎ 0858-23-3147 鳥取県西部福祉事務所　☎ 0859-31-9304
	夜間休日電話相談　☎ 0858-26-9807
	鳥取県男女共同参画センター「よりん彩」 （センター相談室） ☎ 0858-23-3939 （東部相談室） ☎ 0857-26-7887 （西部相談室） ☎ 0859-33-3955
島根県	島根県女性相談センター　☎ 0852-25-8071
岡山県	岡山県女性相談所　☎ 086-235-6060
	岡山県男女共同参画推進センター「ウィズセンター」 ☎ 086-235-3310
広島県	広島県こども家庭センター （西部） ☎ 082-254-0391 （東部） ☎ 084-951-2372 （北部） ☎ 0824-63-5181（内線 2313）
	広島県女性総合センター（エソール広島） ☎ 082-247-1120

山口県	山口県男女共同参画相談センター ☎ 083-901-1122 ／ DVホットライン（緊急用） 0120-238122
徳島県	徳島県中央こども女性相談センター ☎ 088-652-5503 ／ 088-623-8110 徳島県南部こども女性相談センター ☎ 0884-24-7115 ／ 0884-24-7110 徳島県西部こども女性相談センター ☎ 0883-56-2109 ／ 0883-56-2110
香川県	香川県子ども女性相談センター　☎ 087-835-3211
	香川県かがわ男女共同参画相談プラザ　☎ 087-832-3198
愛媛県	愛媛県婦人相談所　☎ 089-927-3490
	愛媛県男女共同参画センター　☎ 089-926-1644
高知県	高知県女性相談支援センター　☎ 088-833-0783
	こうち男女共同参画センター「ソーレ」 ☎ 088-873-9555
福岡県	福岡県女性相談所　☎ 092-711-9874
	福岡県男女共同参画センター「あすばる」 ☎ 092-584-1266
佐賀県	佐賀県婦人相談所　☎ 0952-26-1212
	佐賀県立男女共同参画センター「アバンセ」 ☎ 0952-26-0018
長崎県	長崎県 長崎こども・女性・障害者支援センター ☎ 095-846-0560・0565 長崎県 佐世保こども・女性・障害者支援センター ☎ 0956-24-5125
	長崎県男女共同参画推進センター　☎ 095-822-4730
熊本県	熊本県女性相談センター　☎ 096-381-7110
	熊本県男女共同参画センター女性総合相談室 ☎ 096-355-2223
大分県	大分県婦人相談所　☎ 097-544-3900
	大分県消費生活・男女共同参画プラザ「アイネス」 ☎ 097-534-8874
宮崎県	宮崎県女性相談所　☎ 0985-22-3858
	宮崎県男女共同参画センター　☎ 0985-60-1822
鹿児島県	鹿児島県女性相談センター　☎ 099-222-1467
	かごしま県民交流センター（鹿児島県男女共同参画センター） ☎ 099-221-6630・6631
沖縄県	沖縄県女性相談所　☎ 098-854-1172
	沖縄県男女共同参画センター「てぃるる」相談室 ☎ 098-868-4010

【法テラス（日本司法支援センター）の地方事務所一覧】

法テラスの地方事務所には支部や出張所を持っているところもあり、最寄りの法テラスを紹介してもらうこともできます。

◉法テラス・サポートダイヤル **0570-078374《おなやみなし》**

PHS、IP電話からは **03-6745-5600**　平日 9:00～21:00／土曜日 9:00～17:00

専門のオペレーターが相談内容に応じた一般的な法制度や手続きを案内してくれるほか、法律相談窓口の紹介も行っています。

法テラス札幌	☎ 0503383-5555
法テラス函館	☎ 0503383-5560
法テラス旭川	☎ 0503383-5566
法テラス釧路	☎ 0503383-5567
法テラス青森	☎ 0503383-5552
法テラス岩手	☎ 0503383-5546
法テラス宮城	☎ 0503383-5535
法テラス秋田	☎ 0503383-5550
法テラス山形	☎ 0503383-5544
法テラス福島	☎ 0503383-5540
法テラス茨城	☎ 0503383-5390
法テラス栃木	☎ 0503383-5395
法テラス群馬	☎ 0503383-5399
法テラス埼玉	☎ 0503383-5375
法テラス千葉	☎ 0503383-5381
法テラス東京	☎ 0503383-5300
法テラス神奈川	☎ 0503383-5360
法テラス静岡	☎ 0503383-5400
法テラス山梨	☎ 0503383-5411
法テラス長野	☎ 0503383-5415
法テラス新潟	☎ 0503383-5420
法テラス愛知	☎ 0503383-5460
法テラス三重	☎ 0503383-5470
法テラス岐阜	☎ 0503383-5471
法テラス富山	☎ 0503383-5480
法テラス石川	☎ 0503383-5477

法テラス福井	☎ 0503383-5475
法テラス滋賀	☎ 0503383-5454
法テラス京都	☎ 0503383-5433
法テラス大阪	☎ 0503383-5425
法テラス兵庫	☎ 0503383-5440
法テラス奈良	☎ 0503383-5450
法テラス和歌山	☎ 0503383-5457
法テラス鳥取	☎ 0503383-5495
法テラス島根	☎ 0503383-5500
法テラス岡山	☎ 0503383-5491
法テラス広島	☎ 0503383-5485
法テラス山口	☎ 0503383-5490
法テラス徳島	☎ 0503383-5575
法テラス香川	☎ 0503383-5570
法テラス愛媛	☎ 0503383-5580
法テラス高知	☎ 0503383-5577
法テラス福岡	☎ 0503383-5501
法テラス佐賀	☎ 0503383-5510
法テラス長崎	☎ 0503383-5515
法テラス熊本	☎ 0503383-5522
法テラス大分	☎ 0503383-5520
法テラス宮崎	☎ 0503383-5530
法テラス鹿児島	☎ 0503383-5525
法テラス沖縄	☎ 0503383-5533

【 全国の弁護士会一覧 】

弁護士会は多くの法律相談センターを運営していて、希望地域の法律相談センターを紹介してもらうことができます。

札幌弁護士会	☎ 011-281-2428
函館弁護士会	☎ 0138-41-0232
旭川弁護士会	☎ 0166-51-9527
釧路弁護士会	☎ 0154-41-0214
青森県弁護士会	☎ 017-777-7285
岩手弁護士会	☎ 019-651-5095
仙台弁護士会	☎ 022-223-1001
秋田弁護士会	☎ 018-862-3770
山形県弁護士会	☎ 023-622-2234
福島県弁護士会	☎ 024-534-2334
茨城県弁護士会	☎ 029-221-3501
栃木県弁護士会	☎ 028-622-2008
群馬弁護士会	☎ 027-233-4804
埼玉弁護士会	☎ 048-863-5255
千葉県弁護士会	☎ 043-227-8431
東京弁護士会	☎ 03-3581-2201
第一東京弁護士会	☎ 03-3595-8585
第二東京弁護士会	☎ 03-3581-2255
東京三弁護士会多摩支部	☎ 042-548-1190 DV専用
横浜弁護士会	☎ 045-211-7707
静岡県弁護士会	☎ 054-252-0008
山梨県弁護士会	☎ 055-235-7202
長野県弁護士会	☎ 026-232-2104
新潟県弁護士会	☎ 025-222-5533
富山県弁護士会	☎ 076-421-4811
金沢弁護士会	☎ 076-221-0242
福井弁護士会	☎ 0776-23-5255
岐阜県弁護士会	☎ 058-265-0020
愛知県弁護士会	☎ 052-203-1651
三重弁護士会	☎ 059-228-2232

滋賀弁護士会	☎ 077-522-2013
京都弁護士会	☎ 075-231-2378
大阪弁護士会	☎ 06-6364-0251
兵庫県弁護士会	☎ 078-341-7061
奈良弁護士会	☎ 0742-22-2035
和歌山弁護士会	☎ 073-422-4580
鳥取県弁護士会	☎ 0857-22-3912
島根県弁護士会	☎ 0852-21-3225
岡山弁護士会	☎ 086-223-4401
広島弁護士会	☎ 082-228-0230
山口県弁護士会	☎ 083-922-0087
徳島弁護士会	☎ 088-652-5768
香川県弁護士会	☎ 087-822-3693
愛媛弁護士会	☎ 089-941-6279
高知弁護士会	☎ 088-872-0324
福岡県弁護士会	☎ 092-741-6416
佐賀県弁護士会	☎ 0952-24-3411
長崎県弁護士会	☎ 095-824-3903
熊本県弁護士会	☎ 096-325-0913
大分県弁護士会	☎ 097-536-1458
宮崎県弁護士会	☎ 0985-22-2466
鹿児島県弁護士会	☎ 099-226-3765
沖縄弁護士会	☎ 098-865-3737

| 著者 |

本田りえ（ほんだ　りえ） 臨床心理士・公認心理師。武蔵野大学非常勤講師。武蔵野大学心理臨床センター相談員。航空会社、外資系銀行勤務を経て心理学を学ぶ。武蔵野大学大学院人間社会研究科人間学専攻博士後期課程修了。博士（学術）。専門はトラウマ・ケア、被害者学。DV 、ハラスメント、性犯罪などの被害者のこころのケアに携わる。著書に『みんな「夫婦」で病んでいる』（主婦の友社）がある。

露木肇子（つゆき　はつこ） 弁護士。早稲田大学卒業後、1984年弁護士登録（東京弁護士会）。1993年に多摩総合法律事務所を開設し、DV被害者支援など、女性の立場に立った活動を行っている。東京三弁護士会多摩支部DV法律相談員、東京ウィメンズプラザDV研修講師。「DVホットライン八王子」など、4つのDV被害者支援団体会員。八王子市・町田市では女性のための法律相談員も務める。

熊谷早智子（くまがい　さちこ） 結婚直後から夫による精神的暴力を受け続け、結婚19年目にインターネットで「モラル・ハラスメント」を知り、調停を経て離婚。2003年にポータルサイト「モラル・ハラスメント被害者同盟」を立ち上げ、管理運営を行う。サイトの掲示板は夫からの精神的DVに苦しむ妻たちの交流の場となっている。著書に『家庭モラル・ハラスメント』『母を棄ててもいいですか？』（ともに講談社）がある。

「モラル・ハラスメント」のすべて
夫《おっと》の支配《しはい》から逃《のが》れるための実践《じっせん》ガイド　　こころライブラリー

2013年6月5日　第1刷発行
2021年7月28日　第9刷発行

著　者　本田《ほんだ》りえ・露木肇子《つゆきはつこ》・熊谷早智子《くまがいさちこ》
発行者　鈴木章一
発行所　株式会社講談社
東京都文京区音羽二丁目12－21　郵便番号112－8001
電話番号　編集　03－5395－3560
販売　03－5395－4415
業務　03－5395－3615

印刷所　株式会社新藤慶昌堂
製本所　株式会社若林製本工場

ISBN978-4-06-259712-8
N. D. C. 367　259p　19cm